이정하

대구에서 태어났다. 우리나라 대표적 감성 시인으로 그의 작품들은 수많은 독자들의 가슴을 울렸다. 시집 『너는 눈부시지만 나는 눈물겹다』 산문집 『우리 사는 동안에』 『너는 물처럼 내게 밀려오라』가 밀리언셀러를 기록했다. 그 외에도 시집 『한 사람을 사랑했네』 『다시 사랑이 온다』 산문집 『사랑하지 않아야 할 사람을 사랑하고 있다면』 『돌아가고 싶은 날들의 풍경』 『내가 길이 되어 당신께로』 등 다수의 베스트셀러를 출간했다.

사랑하지 않아야 할 사람을
사랑하고 있다면

사랑하지 않아야 할 사람을 사랑하고 있다면

발행일 2025년 1월 25일

지은이 이정하
발행인 이수하
펴낸곳 마음시회

등록 2021년 4월 12일(제021-00012호)
주소 서울시 마포구 월드컵로 41-1 정일빌딩 4층
전화 02) 336-7462
팩스 0504) 370-4696
이메일 maumsihoe@naver.com

©이정하 2025

값 16,700원
ISBN 979-11-989702-4-4 (03810)

잘못 만들어진 책은 바꾸어 드립니다.
이 책의 판권은 저자와 마음시회에 있습니다.
양측의 동의 없는 무단 전재와 복제를 금합니다.

사랑하지 않아야 할 사람을
사랑하고 있다면

이정하 지음

마음시회

책머리에 _1998년 초판

평소에 친하게 지내고 있던 한 여자가 나에게 물었다. "그를 더 이상 사랑해서는 안 되겠지요?" "왜요?" 라고 반문하고 싶었지만 그럴 수 없었던 것은 그녀의 표정이 너무 쓸쓸했기 때문이었다. 내가 가만히 있자 그녀의 다음 말은 곧 이어졌다. 결코 어떤 보답을 바라서 사랑한 것은 아닌데 나 혼자서만 그를 사랑한다는 것이 왜 이렇게 외로운지 모르겠어요.

사랑한다는 것은 그녀의 말처럼 외로운 일인지도 모르겠다. 사랑받지 못하는 것은 충분히 견딜 수 있으나 사랑할 수 없는 상황이 못내 괴롭다는 사람들. 이 책은 그 사람들을 위해 쓰여졌다. 사랑하지 않아야 할 대상을 혼자서 외롭게 사랑하고 있는 사람들을 위해…….

다시 펴내며

한때, 사랑이 전부였던 시절이 있었다. 사랑으로 인해 설레었고, 기쁨과 희열로 가슴 벅차하던 때가. 그러나 그것이 그리 오래가지 못한다는 걸 알게 되었을 때 얼마나 절망했던가. 세월이 많이 흐른 지금, 나는 그것마저 사랑의 한 부분이었음을 깨닫는다.
비록 외로움이 대부분이었지만 그 사랑으로 인해 내 삶은 어느 정도 따뜻하지 않았던가. 예전의 그녀가 사랑을 이어갔는지 나는 알지 못한다. 지금 와서 생각해보니 그것은 그리 대수롭지 않다. 사랑은, 성사 여부보다 하고 있다는 그 자체가 중요한 것이므로.

이 책을 낸 지 25년이 지났다. 많은 것이 변했지만 그때나 지금이나 사랑은 별반 다르지 않다는 것을 믿고 싶다. 말을 짧게 하려 애쓰고 있다. 나이 들었다는 표시를 내고 싶지 않은 까닭이다. 이 책 또한 가능한 한 짧게 정리한 것도 그 때문이다.

2025년 1월 이정하

차례

제1장
그대가 생각났습니다

가슴에 묻어둔 15/ 금지된 길 16/ 사랑이 깊어질수록1 17
분장18/ 환희 19/ 상처도 꽃잎이야 20
사랑은 영혼을 앓는 자의 몫 21/ 주저하지 말 것 22/ 아침 일찍부터 23
상처 받을까 봐 사랑하기를 거부하는 사람들에게 24/ 불꽃 같은 사랑 26
이름들 28/ 이 모든 것들을 합치면 29/ 사랑의 형벌 30
그대가 생각났습니다 31

제2장
차마 하지 못한 말들

숲 35/ 비밀번호 36/ 그날 밤 37
슬픔은 방황하는 사랑의 또 다른 모습이었다 38
가끔 나는 소망한다 44/ 저마다 별 45/ 차이 46/ 공복 47
유리벽 48/ 만남 49/ 누구를 위한 사랑인가 50/ 핑계 51
슬픔의 무게 52/ 처음 사랑 53/ 간격 54/ 나 혼자서만 55
의문 56/ 사랑한다는 것은 57

제3장
한 사람을 마음속에 섬기는 일

외로운 사랑 61/ 가을이 와서 62/ 밥 63/ 별 64
이별은 상처가 아니라 자유였다 65/ 예감 74/ 어느 날의 반성 75
한 사람을 마음속에 섬기는 일 76/ 단풍 79
네가 좋아하는 영화의 주인공이 되고 싶었다 80/ 안부 81

제4장
내가 당신을 사랑하는 것은

다시 반성 84/ 너에게 바란다 86/ 사랑법 87
사랑의 비밀 88/ 사랑의 진면목 89/ 선택 92
참사랑의 모습 93/ 떠나고 나면 94/ 여명 95
깨우치는 당신은 행복하다 96/ 욕망이라는 이름의 쓰레기통 98
나뭇잎 하나 100/ 자신을 사랑하는 만큼 남을 사랑할 수 있다 101
단 하나의 행복 102/ 가슴에 새기면 좋을 글 103

제5장
너를 생각하며 걷는 길

조금씩만 107/ 사랑이 무엇인가 108/ 미안해 109
사랑이라는 이름의 바퀴자국 110/ 내가 그대를 사랑하는 일이 114
한여름밤의 사색 116/ 새벽 길 120/ 아침 산행 121
낮은 목소리로 122/ 갈수록 123/ 사랑이 깊어질수록2 124
죽기 살기로 125/ 관심 126/ 유서 130/ 어떤 꽃으로 필래? 131

제6장
가슴에 저무는 한 줄기 황혼으로

소유 135/ 나만 괴로운 것이 아니다 136
이 저녁, 당신은 평온한가요? 137/ 사랑은 주는 사람의 것 138
절대적인 사랑 139/ 길이 되어 당신께로 140
고통도 지나고 나면 달콤한 것 141/ 주는 만큼 늘어나는 행복 144
한 점 별빛으로 남을 책, 사랑 148/ 다시 별 152/ 사랑이 죄지 153
사랑은 천천히 154/ 정성과 노력 155
주면 줄수록 넉넉히 고여오는 156/ 함께 가자, 우리 157

제7장
텅 빈 관람석

사랑이 요구하는 건 160/ 바보가 따로 없지 162/ 막차 163
사랑의 종착역 164/ 첫눈 165/ 눈 오는 날 166
아름답다는 건 167/ 그가 평범하게 보이기 시작할 때 168
헤어진 연인에게 신의 축복이 있나니 170
남을 책망하는 그 마음으로 나를 책망하라 171/ 사람과 물건 172
밤마다 나를 유인하는 별빛이여 173/ 바보 같은 사랑 174
고난과 기다림 끝에 175

제1장
그대가 생각났습니다

당신을 처음 보았을 때
두려움이 나를 떨게 했다
당신을 다시 못 볼까 봐

숱한 날들이 지났다만
그대를 잊을 수 있다 생각한 날은
하루도, 단 하루도 없었다

가슴에 묻어둔

세상에서 가장 쉬운 말인데
세상에서 가장 어렵게 한다.

"너를 사랑해."

금지된 길

가지 말아야 하는 것을 알면서도
기어이 그 길을 가는 사람이 있다.

눈을 감는 것은, 앞이 깜깜해서가 아니라
불어닥치는 바람이 감당하기 어려워서가 아니라
그 길을 가는 것만으로도 눈물겨워서…….

사랑이 깊어질수록 1

사랑이 깊어질수록 그와는 멀어지도록 노력하라.
좁은 새장으로는 새를 사랑할 수 없다.
새가 어디를 날아가더라도 당신 안에서 날 수 있도록
당신 자신은 점점 더 넓어지도록 하라.

분장

모처럼 거울을 본다. 오늘도 나는 아마 연극을 했을 것이다. 거짓 웃음, 거짓말, 거짓 행동을 스스럼 없이 꾸며 내며 판에 박힌 대본만 들여다보았을 것이다. 참 많이 변했다는 건 스스로 느껴지지만 어떻게 변했는지는 나도 잘 모르겠다. 겉이 아닌 가슴 안쪽은 더더구나.
여태껏 나를 치장해 왔던 것들, 그 쓸모없는 것들 때문에 얼마나 많은 시간들을 허비해 왔을까 생각해 보면 가슴이 텅 비는 느낌이다. 분칠을 벗겨낸다고는 했지만 아직도 내 마음 한 구석에는 깜빡 잊고 지우지 못한 분장의 찌꺼기가 남아 있을 것이다.
그 자국 그대로 나는 잠이 들 것이고 눈을 뜨자마자 또 정신 없이 집을 나설 것이다. 따지고 보면 관객도 없는 텅 빈 무대에서 무엇을 잡자고 이리도 허우적거렸는지.
어쩌면 난 삶의 물결에 그저 휩쓸려 싶지는 않았는지도 모른다. 그렇게 굳이 변명해 본다. 삶의 물결을 어설프게나마 내 방식대로 헤엄쳐 가고 싶었다고.

환희

어린 새가 첫 날갯짓을 할 때는 그 여린
파닥임이 무척이나 안쓰러웠다. 하지만 날갯짓을
할수록 더 높은 하늘로 날아오를 수 있다는 건 우리
삶이 꾸준히 나아가기만 하면 얼마든지 기쁜 일이
생길 수 있다는 거다.

맨 처음 너를 알았을 때 나는 알지 못할 희열에 떨었
다. 하지만 그것도 잠시, 나는 곧 막막한 두려움을
느껴야 했다. 내가 사랑하고 간직하고 싶었던 것들은
항상 내 곁을 떠나갔으므로.

그래도 나는 너에게 간다. 이렇게 나아가다 보면
너에게 당도할 수 있을 것이라는 그 막연한 기대를
가지고. 그렇다. 내가 환희를 느끼는 것은 너에게 가
고 있다는 그 자체. 마침내 너에게 닿아서가 아니라
너를 생각하며 걸어가는 그 자체가 나에겐 더없는
기쁨인 것이다.

상처도 꽃잎이야

사랑하느라 길을 잃어도 괜찮다고 생각했다. 가끔 삶이 비틀거려도 그것마저 충분히 감수할 수 있다고 믿었었다. 나에게 있어 사랑은 그래. 당신이 내게 무엇을 줄 수 있을지는 하나도 중요하지 않아. 내가 나에게 다독거리는 거지. 내 몫의 아픔을 정직하게 받아들이자고. 당신을 사랑하는 한, 포기하지 않고 나의 길을 가고 있는 한 상처도 꽃잎이야.

사랑은 영혼을 앓는 자의 몫

잠자리에서 일어나 먹고사는 것만을 생각하는 사람들에겐 사랑은 머나먼 이웃일 수밖에 없다. 평행선을 달리는 철로처럼 그 둘은 좀처럼 만날 수가 없는 것이다. 그들은 매일같이 되풀이되는 '생활'만을 만날 뿐 사랑은 쳐다보지도 않는다. 그들의 가슴속엔 그리움이란 바람은 불지 않는다. 대신 혼자만의 옷깃을 꼭꼭 여민 고독의 깊은 그늘만 자리한다.

주저하지 말 것

애써 외면하지 말 것.
그가 내 마음속에 자리하고 있음을.
그 사실을 인정한다면 마음의 문을 열 것.
내 사랑이 그에게 막힘없이, 또 자유롭게 흘러넘치도록.
그 사랑이 마치 서녘 하늘에 펼쳐 놓은 노을과도 같아서
그걸 바라보는 그의 가슴까지 적셔 줄 것.
이젠 더 이상 뒤에 물러서 있지 말 것.
사랑을 보여주기를 주저하지 말 것.
설혹 그 사랑이 괴롭더라도 과감히 부딪칠 것.
소심하게 앉아만 있지 말 것.

아침 일찍부터

아침 일찍도 오시더군요.
그대인가 했더니, 아침 일찍도 오시는 비.
내 우울함의 시작.

그립다는 것은 그대가 내 곁에 없다는 뜻이다. 그립다는 것은, 그런 그대가 내 곁에 있어 줬으면 하는 뜻이다. 그립다는 것은 그럴 수 없다는 걸 알고 내 가슴 한쪽이 시커멓게 타들어 가고 있다는 뜻이다. 그래서 그립다는 것은, 다시는 못할 짓이다.

상처 받을까 봐 사랑하기를 거부하는 사람들에게

사랑에 빠진 사람들은 이상한 구석이 있다. 어느 누구를 막론하고 쉽게 포기하는 사람들을 나는 보지 못했던 것이다.
이별할 줄 뻔히 알면서도 그에게 자신의 모든 것을 터뜨린다는 것은 어찌보면 미련하기 짝이 없는 일이다. 이별이 눈앞에 와 있는데도 그에 대한 미련을 버리지 못하고 오히려 더 매진하고 있다면 그런 일을 도대체 어떻게 해석해야 할까. 하기야 세상의 논리에 찌든 얄팍한 정신으로 어떻게 사랑을 하겠는가. 이해득실을 따지고 계산에 치우친다면 그 사랑은 이미 사랑이 아닌 계약일 뿐인데.

언젠가 헤어져야 한다는 것을 알았기에
그 안에 난 내 모든 것을 풀어놓았다.
가을날, 단풍잎에게 물어보라.
낙엽이 되어 떨어질 걸 뻔히 알면서도
왜 그 순간까지 자기 몸을 남김없이 태우는지.

서로 사랑하면서도 끝내는 헤어질 수밖에 없는 상황, 그 안타까움 속에서도 최선을 다하는 연인들의 모습은 그래서 진정 아름답다. 기실, 사랑으로 가슴 아파해 본 사람들은 알리라. 사랑은 결국 나 자신의 존재마저도 그대에게 주는 것임을.
결국 나는 살아가면서 유일한 가난함이란 가슴속에 '사랑'이 없는 것임을 말하고 싶다. 비록 슬픔이 대부분을 차지한다 해도 사랑이 있었기에 우리 삶이 넉넉할 수 있었지 아니한가. 비록 그 사람은 곁에 없지만 그를 사랑할 수 있었다는 사실 하나만으로 충분히 행복했다고 생각하라.

상처 받을까 봐 사랑하기를 거부하는 사람들이여,
사랑을 빼놓고 한번 살펴보라. 당신의 인생에서
도대체 가치로운 것이 무엇이 있는가를.

불꽃 같은 사랑

렘브란트 이후 네덜란드에서 가장 위대한 화가로 평가받고 있는 빈센트 반 고흐. 많은 예술가들처럼 그 또한 열정적인 사랑으로 유명하다.

어느 여름철, 그는 젊은 미망인인 케이 포스를 만나게 되어 이내 그녀를 깊이 사랑하게 되었다. 하지만 그녀는 외삼촌의 딸이었고, 그러한 상황 때문에 좀처럼 그녀의 마음은 움직여지지 않았다. 그가 구혼의 편지를 써 보낼 때마다 모두 개봉되지 않은 채 되돌아왔다. 그러나 그는 마음을 접지 않았다. 어느 날, 그가 그녀의 집을 방문했을 때 그녀가 외출했다는 대답이었다. 마침 저녁식사 때였는데 그가 얼핏 테이블을 보니 반쯤 먹은 음식 그릇이 빈자리에 남아 있었다.
자기가 온 것을 알고 외삼촌이 그녀를 숨겼다는 것을 알아차린 그는, 순간적으로 옆에 있던 촛불 속으로 손을 집어넣으며 말했다.

"이 불꽃 속에 손을 넣고 있는 동안만이라도 좋으니 그녀를 만나게 해주십시오."

이름들

핸드폰을 바꾸며 나는 조금씩 망설여야 했다. 어느 이름은 지우고 어느 이름은 남겨둘 것인가. 생소한 이름도 있는 걸 보면 나는 그동안 내가 알고 있던 이름들을 불러내는 데 인색했던 모양이다. 그제야 나는 반성을 한다. 그들이 내 이름을 불러주길 간절히 원했으면서도 정작 내가 그 이름을 불러 본 적은 얼마나 있었느냐고.

이 모든 것들을 합치면

안녕, 미안해, 걱정 마, 잘 될 거야.
당신에게 건네는 이 모든 말들을 합치면
사랑한다는 말이 되었다.

눈물, 한숨, 아련함, 그리고 기대.
당신을 향한 이 모든 마음을 합치면
사랑하는 마음이 되었다.

사랑의 형벌

형사가 아니면서도 당신은 내게 수갑을 채웠고,
판사가 아니면서도 거역 못할 선고를 내렸다.
그 판결에 의해 형벌처럼 당신을 사랑하기 시작한 나는
당신이라는 감옥에 갇혀 한참을 보낸 후에야 알게 되었다.

당신이 나를 잡아둔 것이 아니라
나 스스로 당신에게 묶여 있다는 것을.
나 스스로 종신형을 선고 받아
당신의 무기수로 살아가고 있다는 것을.

그대가 생각났습니다

햇살이 맑아 그대가 생각났습니다. 전철을 타고 사람들 속에 섞여 보았습니다. 그래도 그대가 생각났습니다. 음악을 듣고 영화를 보았습니다만 외려 그런 때일수록 그대가 더 생각나더군요.
숱한 날들이 지났습니다만 그대를 잊을 수 있다 생각한 날은 하루도 없었습니다. 더 많은 날들이 지나간대도 그대를 잊을 수 있으리라 생각하는 날 또한 없을 겁니다. 장담할 수 없는 것이 사람의 일이라지만 숱하고 숱한 날 속에서 어디에 있건 무엇을 하건 어김없이 떠오르던 그대였기에 감히 내 평생 그대를 잊지 못하리라 추측해 봅니다.
당신이 내게 남겨 준 모든 것들, 하다못해 그대가 내쉬던 작은 숨소리 하나까지도 내 기억에 생생히 남아 있는 것은 아마도 이런 뜻이 아닐는지요. 언젠가 언뜻 지나는 길에라도 당신을 만날 수 있다면, 스치는 바람 편에라도 그대를 마주할 수 있다면 당신께 모조리 쏟아부어 놓고, 펑펑 울음이라도…. 그리하여 담담히 뒤돌아서기 위해서.

오늘 아침엔 장미꽃이 유난히 붉었습니다.
그래서 그대가 또 생각났습니다.

제2장
차마 하지 못한 말들

애써 외면하지 말 것
그가 내 마음 속에 자리하고 있음을

그대에게 차마 하지 못한 말들
그 안타까운 마음들이 모두 모여
빛나는 별이 되었다는 사실

숲

너무 깊이 빠졌다.

들어가긴 했는데 나올 길을 찾지 못했다.

한평생 헤매 다닐 것만 같다.

비밀번호

우연히, 네 통장의 비밀번호가 그 사람의 생일과 같았다는 것을 알았어. 네 마음의 금고가 그 사람으로 인해 닫혀 있었다는 것도.

그래서 내가 들어갈 자리가 없었구나.

그날 밤

다른 사람과 함께 나란히 걷고 있는 너를 우연히 보았던 날, 나는 애써 태연한 척 미소 지었어. 애당초 가까이 가지도 못했기에 아무런 원망도 할 수 없었던 나는 몇 걸음 더 떨어져 그대를 지켜볼 뿐.

너는 몰랐겠지. 그날 밤은 내게 가장 춥고 외로운 밤이었다는 것을.

슬픔은 방황하는 사랑의 또 다른 모습이었다

'내게 첫사랑은 없었다'고 말하는 지금 내 심경은 쓰라리다. 그건 내 사랑이 아닌 다른 사람의 것이었으므로.
고백컨대 여지껏 나는 사랑에 늘 비켜서 있었다. 무슨 일이건 마찬가지겠지만 종말이 있다는 걸 일찍부터 예감해서일까. 사랑의 종말, 그건 다른 일과는 비교할 수 없이 가슴 아픈 일이겠지.
그렇지만 시작도 못하고 가슴속에만 머문 일이 있다면 그건 또 어떻게 해석해야 할까. 애초에 다가서지도 못했기에 붙잡을 수도 없었던 내 슬픈 사랑의 이야기를.

그 애만 생각하면 나는 가슴이 아리다. 그런 점에서 나는 카프카의 말을 겸허히 수용한다. 누군가를 생각할 때 그 사람이 자신에게 비수와 같은 존재이며, 그 칼로 인해 자신의 마음이 에는 듯한 아픔을 느낀다면 당신은 그를 사랑하고 있다는 말. 그 애의 존재가 내게 그랬다. 아무렇지도 않은 척 딴전을 피우고 있었지만 내 온몸의 감각세포는 모조리 그 애를 향해 뻗어 있었으니까.

그때도 지금과 같은 가을이었다. 한 잎 두 잎 낙엽을 떨어뜨리는 바람은 길거리에만 부는 것이 아니라 내 공허한 마음속에도 불어닥쳤다. 나는 한자리에 있지 못했다. 사람의 가슴속에 부는 바람은 누구를 향한 갈망이 아닐까. 누군가를 그리워하고 있기에 내 안에 이는 흔들림. 나는 교회에 들어서자마자 그 애부터 찾았다. 한 번도 그 애와 길게 대화를 나눠 본 적도 없으면서 마치 그녀가 나만의 여자인 양 착각 속에 빠져 있는 것도 그즈음 나의 행복이었다.

단아한 교복 차림으로 피아노 앞에서 성가대 반주를 하고 있는 그 애의 목덜미를 훔쳐보느라 언제나 찬송가를 제대로 부르지 못했다. 하나님한테는 참으로 미안한 말이지만 엄숙해야 할 기도 시간마저도 나는 눈을 뜨고 있었다. 그때 내 간절한 소망은 기도가 길어져 더 오래 그 애의 모습을 훔쳐보는 것이었으므로.

그 애는 항상 내가 볼 수 있는 거리에 있으면서도 잡히지 않는 그림자 같았다. 그 애의 눈길은 늘 다른 곳에 머물러 있었기에. 성가대 지휘를 맡고 있는 김 선생님을 쳐다볼 때의 그 애 눈길이 예사롭지 않다는 걸 다른 사람은 몰라도 나는 알 수 있었다. 가끔 교회 벤치에 그 두 사람이 앉아 있는 모습을 볼 때면 태연한 척 애썼지만 그럴수록 더 큰 슬픔이 밀려와 내 가슴에 아픈 흔적을 남겼다. 애당초 그 애에게 다가서지도 못했기에 그 애를 원망할 수도 없었던 나는 그저 한 걸음 더 떨어져 그 애를 지켜볼 뿐.

그러던 어느 날이었다. 우연히, 아니 어쩌면 늘상 그 근처를 서성이던 내가 그 두 사람을 목격한 것은 밤이 깊은 시각이었다. 집까지 바래다준 김 선생님이 돌아가는 모습을 그 애는 한없이 바라보고 있었고, 길모퉁이에 숨어 그걸 지켜보던 나는 또 한없는 나락으로 떨어질 수밖에 없었다. 내가 보고 있는 건 그 애의 텅 빈 육체뿐이었으므로. 나는 영혼이 담긴 그 애의 모습을 보고 싶었지만 그때 그 애의 영혼은 온통 김 선생님을 향하고 있었으니까.

그 애 곁을 줄곧 맴돌면서 정작 한 걸음도 다가서지 못했던 나는 그날 이후 골방에 처박혀 있었다. 막연히 사랑은 달콤하고 황홀할 것이라 상상했던 나에게 사랑은 너무나 혹독한 시련이었다.

어둡고 음습한 골방에서 그해 가을을 다 보낸 나는 겨울이 되어서야 거리로 나섰다. 마침 그때 눈이 내렸다. 상처가 다 아물었다고 생각했지만 눈은 또 내 가슴을 파고들었다. 아니다. 어쩌면 나는, 내리는 눈을 빌미로 그 애를 한 번 더 보고 싶었는지도 모른다. 이제는 그 두 사람을 위해 진심으로 기도해 줄 수 있겠다는 마음도 있었지만 가을 내내 앓았던 내 열병을 어떤 식으로든 보상받고도 싶었다.
교회 근처에 다가서자 피아노 소리가 들렸다. 어떤 곡인지 몰랐지만 직감적으로 그녀가 치고 있다는 것을 알 수 있었다. 그저 그 애가 치고 있다는 것만으로도 가슴이 떨렸고, 왠지 모를 슬픈 음률에 한동안 나는 그 자리에 서 있었다.

나는 그 애가 치는 피아노 음률을 들으면서 그 애의 가슴을 따뜻이 데워주는 톱밥난로가 되기로 결심을 굳히고 있었다. 짐작하기에 그 애의 사랑도 결코 순탄치 않았고, 만일 그렇다면 나는 그 애의 슬픔까지 넉넉히 감싸주는 더욱 성숙한 사랑을 하고 싶었다. 그것만이 그 애를 사랑할 수 있는 유일한 방법임을 나는 깨닫고 있었던 것이다.

예상대로 그 애는 피아노를 치다 말고 건반 위에 엎드려 흐느껴 울었다. 그날이 바로 김 선생님의 약혼식이 있는 날이었던 것이다. 나는 정말 순수한 마음으로 그 애의 슬픈 마음을 위로하고 싶었다. 용기를 내어 그 애 앞에 다가섰고 울다 만 얼굴로 그 애는 나를 쳐다보았다. 그때 처음으로 나는 그 애의 눈을 정면으로 쳐다볼 수 있었다.

나는 그날만큼은 피하지 않고 내 짝사랑을 들키고 싶었는데 그 애는 참으로 섬뜩하게도 나를 노려보고 있는 게 아닌가. 이젠 네 뜻대로 되어 속이 시원하니? 마치 이런 질책을 하는 듯한 그 애의 표정을 보고 내가 무슨 말을 할 수 있었을까. 내 진심을 어떻게 하면 그 애에게 전달할 수 있을까 막막하던 나는 그만 고개를 숙이고 말았고, 나도 모르게 한 줄기 눈물이 발밑으로 툭 떨어졌다.

아픈 건 온전히 나 혼자였으면. 내가 아픈 건 견뎌낼 수 있었지만 그 애가 아픈 것은 견딜 수 없었다. 나는 다시 용기를 내어 조심스럽게 그 애의 어깨에 손을 얹었고, 그 애는 뜻밖에도 내 가슴으로 무너져와 흐느껴 울기 시작했다. 그 애의 눈물이 내 가슴에 스며들면 스며들수록 나 또한 말할 수 없는 슬픔에 잠겨야 했다.
그날은 그 애를 가장 가까이 두었으면서도 가장 멀리 느껴야 했던 아주 춥고 외로운 날이었다. 그 애의 따스한 마음 한 조각이라도 내가 가질 수 있었다면 그해 겨울은 그렇게 춥지 않았을 텐데.

십대의 마지막 겨울을 나는 그렇게 보냈다. 나 혼자만의 사랑으로 인하여 외로웠고, 그 애로 인하여 나의 외로움은 훨씬 구체적인 모습으로 다가왔다.
어쩌면, 슬픔은 내 방황하는 사랑의 한 형태였는지도 모른다. 길을 잃고 헤매던 나. 그리움이 있어 그 길을 따라가다 보면 가도 가도 끝이 없었다. 막막한 그 길에서 내 발은, 내 영혼은 다 부르트고.

가끔 나는 소망한다

꿈꾸지 않고 잠들 수 있기를.
너 없이 깊이 잠들 수 있기를.

사랑, 그 중독에서 벗어나 잠깐이라도 자유로워지기를.

저마다 별

낡고 헤진 별 하나 갖고 싶다.
초라해도 별은, 자기만의 빛을 낼 줄 안다.

차이

당신을 사랑하지 않는 일이 가능할까?
물고기 없이도 아무렇지 않게 흘러가는 물과
물 없이는 한시도 살아갈 수 없는 물고기.
그 차이가 바로 내 슬픔의 시작이야.

공복

너의 부재로 인한
채울 수 없는 허기.

그래서
밥보다 술을 먹는가 보다.

유리벽

카페 통유리창에
'기대면 깨진다'는 푯말이 붙어 있다.

그래서 내게 기대지 말라고 했구나.
기대면 깨지는, 다치고마는
유리벽 같은 사람.

만남

세상의 모든 만남은 행복이다,
잠시라도 담아둘 수 있어서.

세상의 모든 만남은 슬픔이다,
그 사람을 내내 담아둘 수 없기에.

누구를 위한 사랑인가

너를 위해서, 라는 포장지 속엔 얼마나 많은 위선이 숨겨져 있는 것일까. 그를 위한 사랑인가, 아니면 그를 사랑한다고 믿는 자신을 위한 것인가?

핑계

어쩌면 나는 너를 사랑하는 것이 아닐지도 몰라. 떠나야 할 이유만 찾고 있었거든. 조금이라도 덜 슬플 그런 핑계만 찾고 있었던 거야.

슬픔의 무게

바람 불어 떨어지는 것이 아니다.
낙엽은 저 스스로 떨어지는 것이다.
깊어진 마음 감당치 못해
스스로 곤두박칠치는 것이다.

사랑하는 것보다
사랑하지 않는 것이 더 괴로울 때.

처음

처음이라는 것은 느낌이 좋다. 그것이 사랑이라면 더욱더.
내가 세상에 태어나 이성을 처음 사랑한 그 시절, 지금 생각해보니 참 풋내 나는 시절이었지만 그때만큼 순수하고 진실했던 때는 다시없을 성싶다. 아프고 괴로웠던 시기였지만 그로 인해 내 삶이 더욱 성숙해지고 풍성해졌다는 것은 부인할 수 없다. 사람 하나를 사귀더라도 저 사람이 내게 도움이 될까부터 따지는 요즘과는 달리 계산과 이해득실이 없이 누군가를 사랑할 수 있었던 그 순수함….

세월이 많이 지났다. 그 아팠던 추억으로 인해 내 삶이 따스해졌다는 것을 느낀다. 그를 사랑할 수 있었고, 또 그로 인해 가슴 아파할 수 있는 시절이 있었다는 것은 어쩌면 내 인생의 가장 큰 행복이었을지도 모른다.

간격

추운 겨울 날, 고슴도치 두 마리가 서로 사랑했네. 추위에 떠는 상대를 보다못해 자신의 온기만이라도 전해 주려던 그들은 가까이 다가가면 갈수록 상처만 생긴다는 것을 알았네.
안고 싶어도 안지 못했던 그들은, 자신들의 몸에 난 가시에 상대방이 다치지도 않을 적당한 거리에 함께 서 있었네. 비록 자신의 온기를 다 줄 수 없어도 그들은 서로 행복했네.

당신과 떨어져 있어야 하는 간격. 빠져 죽어도 좋을 그 간격. 그것은 정말 죽을 맛이지만 어찌하랴. 사랑한다는 것, 그것은 고슴도치나 나무들처럼 일정한 거리를 유지하는 데 동의하는 일이므로. 자기 스스로와 자기가 사랑하는 것 사이의 거리를 참고 인내하는 일이므로.

나 혼자서만

그대를 그리워하는 것은 나 혼자만의 일입니다. 그대를 잊지 못해 괴로워하는 것도 나 혼자만의 일이고요. 그러니 그대가 마음 쓸 일은 하나도 없습니다. 나 혼자 그리워하다 나 혼자 괴로워하면 그만, 그대는 그저 아무 일 없다는 듯 무덤덤해도 괜찮습니다.

애초에 짐이 될 생각이 있었다면 나는 내 사랑을 그대에게 슬며시 들킬 수도 있었을 테지요. 그러나 그대여, 나로 인해 그대가 짐스러워한다면 그 자체가 내게는 더한 괴로움이기에 나 혼자만 그대를 사랑하고, 나 혼자만 괴로워하기로 하였습니다. 그러니 그대는 그저 모른 척하십시오. 그저 전처럼 무덤덤하십시오.

의문

나는, 너에게 보여주고 싶은 게 많은데

너는, 왜 그렇지 않을까?

사랑한다는 것은

결국, 기대어 쉬고 싶은 것이다.
위로 받고 싶은 것이다.

다른 사람인 아닌 오직 너에게서.

제3장
한 사람을 마음속에 섬기는 일

그것은 내내 외로움을
감수하겠다는 뜻이 아닌가

정말로 사랑하는 사람은
자신의 곁에 두지 않는 법이라고

외로운 사랑

오랜 시간 동안 나는 당신의 옆에 서 있었습니다.
아는지 모르는지 당신은 내게 눈길 한 번 안 주더군요.
그래서 쓸쓸했습니다.

내가 당신을 사랑하면 할수록
더 철저하게 외로워지는가 봅니다.

가을이 와서

내 마음이 그 사람에게 다녀왔다.
어느새 가을이 깊어졌나 봐.

문지방 다 닳겠네.
하루에도 열두 번씩 다녀오자면.

밥

세상은 밥심으로 사는 게 아니라
너와 함께 밥을 먹기 위해 사는 것.

별

오랫동안 내 가슴에 담아 둔 말들은 밤이 되면 하늘로 올라가 별이 됩니다. 내가 그대에게 차마 하지 못한 말들, 그 안타까운 마음들이 모두 모여 서쪽 밤하늘에 가장 찬란하게 빛나는 별이 되었다는 사실.
그대는 아마 모를 겁니다. 내 가슴을 온통 타들어 가게 만들어 놓고 멀리서만 빛나는 별 하나를.

이별은 상처가 아니라 자유였다

만약, 어린왕자가 사막에 떨어지지 않고 서울의 압구정동이나 홍대 앞 같은 변화가에 떨어졌으면 어떻게 됐을까? 혹시 그 호기심 많은 어린왕자는 비행 청소년이 되지 않았을까?
적어도 압구정동이나 홍대 앞 같은 거리를 걸어 본 사람들은 그와 같은 나의 생각에 고개를 끄덕일 수 있으리라. 신세대, 혹은 요즘의 젊은이들은 끊임없이 흐른다. 밤거리의 휘황찬란한 네온사인처럼, 그 아래를 무리지어 걸어가는 사람들처럼 그들은 도무지 한 곳에 머물러 있으려 하지 않는다.
이 카페에서 저 카페로, 이 술집에서 저 술집으로, 심지어는 이 사람의 가슴에서 저 사람의 가슴으로. 한 잔의 커피를 마시기 위해 아무리 먼 곳이라도 분위기 좋은 곳을 찾아가는 수고로움도 마다하지 않는 그들이고 보면 그들에게 있어 그건 자연스런 흐름이었다.

누군가를 기다리는 데는 도가 튼, 그리운 것, 갖고픈 이름 하나를 가슴에 품고 참는 데 명수인 예전의 우리와는 판이하게 다른 모습이었다. 기다리거나 서성이는 수동적인 자세에서 벗어나, 소매 걷어붙이고 직접 찾아나서는 적극성을 요즘의 젊은이들은 서슴없이 보여주고 있었다.
"이유요? 그런 건 없어요. 맘에 드는 남자가 있어, 내가 너를 좋아하고 있다고 고백하는 데 무슨 이유가 있겠어요. 좋아하는 감정을 숨기고 혼자서만 끙끙대는 건 위선이고 자기기만 아니겠어요?"
모 대학 2학년에 재학 중이라는 현애는 아슬아슬한 그녀의 옷차림만큼이나 간결하게 정답을 말한다. 마음에서 마음까지 가는 그 어려운 노정이 그녀에게는 결코 어려운 일이 아닌 것이다.
속옷을 그대로 착용한 듯한 웃옷과 짧은 치마, 요즘 유행하는 선글라스를 머리에 걸친 현애는 누가 봐도 예쁘며, 관능미 또한 철철 넘쳤다. 그래서 그런 자신감이 나온 것은 아니었을까. 이런 그녀의 구애를 싫다할 남자는 없을 테니까. 따라서, 뒤의 결과가 궁금했다.

"그런데 사귀고 있는 여자가 있더라고요. 그래서 관둬버렸어요."
매사가 이런 식이었다. 우선 고민이 없고 쉽게 속전속결이고 당당하고 거침이 없다.
"그런데 말이에요. 녀석이 나하고도 어떻게 좀 해보았으면 하는 눈치를 보이더라고요. 마시던 커피를 녀석의 얼굴에다 부어버리고 나왔죠. 이런 놈을 좋아한 내 자신이 한심스럽다 생각하면서 말이에요."
나는 여기서 내 자신을 돌아보지 않을 수 없었다. 기성세대가 되어 스스로 색안경을 끼고 이들을 보려 했던 내 슬픈 발악을. 이들은 결코 내가 상상해 오던 것처럼 속이 텅 비거나 부패해 있는 그런 모습이 아니었다. 오히려 알토란처럼 알이 꽉 차 있었음을. 치마의 길이와 노출의 정도만으로 이들에 대한 잣대를 재오던 내 촌스런 의식이라니.

사랑은 젊은 사람들만의 몫인가? 그럴 리는 없을 것이다. 그럼에도 불구하고 사랑이 젊은 사람들이 특권인 양 해석되어 온 것은 그들의 사랑이 그만큼 건강하기 때문이 아닐까.

적어도 현애에게선 그것을 진하게 느낄 수 있었다 어둡고 음습한 구석에서 벗어나 밝고 열린 공간에서 자신을 당당하게 드러내는. 그리하여 진정하게 사랑했던 대상일지라도 구차하게 매달리지 않으며 당당하게 뒤돌아 설 수 있는. 그것은 어쩌면 우리 세대들이 일구얼 낼 수 없었던 우리가 진정으로 바라마지 않았던 건강한 감성일 것이다. 그럼에도 불구하고 이전 세대들이 이들을 보는 눈초리가 결코 곱지만은 않다. 물론 현애가 이들 세대를 대표하는 것도 아니고, 이들 세대 모두가 현애처럼 건강한 감성으로 사랑을 나누며 세상을 살아 나가는 것도 아니다. 개중에는 무분별한 교제와 무절제한 성행위로 기성세대의 눈살을 찌푸리게 하는 친구도 분명 있으니까. 그러나 그런 부정적인 요소들만을 강조해 그들 모두를 문제아 집단으로 만드는 것은 온당치 않다는 생각이다. 문제는, 그들의 가슴속은 보지 않고 아슬아슬한 옷차림만을 보았던 우리의 색안경 낀 눈이다.

"편하고 예쁘잖아요? 남의 눈을 의식해서 입진 않아요. 내가 좋아서, 그리고 내가 만족하면 그만이죠."

이처럼 정작 당사자들은 덤덤하다. 예민하게 반응하는 것은 그것을 훔쳐보는 남자들의 시선일 뿐이다.
"어른들과 부모들은 왜 우릴 당신들이 생각하고 있는 인간으로 만들려고만 하는 건지 이해할 수가 없어요. 우리 스스로가 우리 자신을 만들게 하지 않고 말이에요."
겸허하게 인정하자. 기성세대들이 만들어 놓은 세상에 적응하지 못하고 반항, 혹은 방황하는 신세대들 또한 많다는 것도. 그런데도 기성세대들은 자신들이 만들어 놓은 세상은 전혀 고려하지 않고 거기에 얽매이지 않으려는 신세대들만 탓하고 있음을.
하지만 젊은이들이여, 그대들도 너그럽게 이해해야 하지 않을까. 그대들을 키우기 위해 온 몸과 마음과 시간을 바쳐온 그대들 부모의 눈물겨운 사랑을. 어찌 아름다운 것이 선탠과 선글라스로 치장된 그대들의 얼굴만이겠는가. 꼭두새벽에 일어나 도시락을 싸기 위해 눈 비비던 어머니의 눈곱 낀 얼굴 또한 아름답지 않은가. 그 구차한 변명을 사랑해다오.

'섹스란 것도 그래요. 잡지나 신문지상에서는 우리가 마치 화냥년이나 된 것처럼 떠들어대고 있는데 사실 그런 애들은 극소수일 뿐이에요. 순결이란 것도 뭐 대순가요. 남자는 괜찮고 여자는 안 된다는 그런 억지 논리가 어디 있어요. 어른들은 룸살롱 가서 요상한 짓 다 하면서 우리가 손잡고 뽀뽀하는 건 왜 안 된다는 거예요?"
그녀의 매몰찬 항변에 내가 무슨 말을 할 수가 있으랴. 순결은 결코 처녀막 따위에 있지 않다는 당당함에. 오늘 만난 사이라도 마음만 맞으면 곧장 모텔로 갈 수도 있으며, 사실은 그런 생각만 갖고 있을 뿐이지 실제로 행동에 옮기는 일은 극히 드물다는 울분 섞인 토로에.

가슴에서 느끼는 대로 행동하는 데 주저하지 않는 세대들. 나 역시 그런 시기를 거쳤지만 우리의 그것보다는 그들이 훨씬 대담하고 용감하다는 것을 인정하지 않을 수 없다. 우리 때보다 훨씬 자유롭고 풍요로운 시대의 소산일까? 내가 세상을 위해 존재하는 것이 아니라 세상이 나를 위해 존재한다는 사실을 추호도 의심스러워하지 않았던 그들이기에 오로지 남을 위해 헌신하기만을 강요받아 온 우리 세대와는 점차 틈새가 벌어졌으리라.

교제를 할 때에도 젊은이들은 자신이 바로 세상의 중심이 된다는 그 점을 엄격히 적용하고 있었다. 이기적인 '나'가 아니라 당당한 '나'로서. 예컨대, 쟤가 날 사랑하지 않으면 나도 쟤 사랑할 필요가 없다는 식이다. 그리고 상대가 사랑하는 만큼만 사랑한다고 한다.
과연 그것이 가능한 일일까? 그 부분만큼은 나로선 다분히 믿기 어려운 이야기였지만 어찌 할 것인가. 믿을 수밖에.
일단, 내가 세 시간이나 앉아 있던 카페 옆자리에서 어린 커플이 나누던 대화를 엿들어 보자.

"날 사랑해?"
여자는 아무렇지도 않다는 듯이 물었다. 세상에서 가장 부끄러운 물음을.
"물론이야. 단, 너와 함께하는 시간만."
남자의 단호한 대답이다. 그러자 여자는 신이 나서 떠들기 시작했다. 모처럼 뜻이 맞는 동지를 만났다는 그런 기분으로.
"나도 그래. 나도 너를 볼 때만 너를 사랑해."

요 며칠간 젊은 세대의 모습들을 기웃거려 보면서 내가 줄곧 느낀 것은 황당함과 혼란스러움이었다. 그것이 과연 가능할까, 하는 의문이 불쑥불쑥 내 하드웨어에서 반짝거리고 있었다. 그러나 난 그럴 때마다 어김없이 Delete를 눌렀다. 일단 그들의 이야기를 인정하지 않고선 아무런 대화도 안 되는 것이다. 난 그들의 이야기를 들으러 왔지 참견하러 온 건 아니니까. 그들에게 잘못 보였다간 현애의 남자 친구처럼 커피 세례를 받을지도 모르는 일이니까.
"이별은 요즘 상처가 아니라 자유예요. 얼마든지 더 좋은 상대를 찾아 나설 수 있는. 세상은 넓고 남자는 많잖아요. 그리고 이별의 아픔을 극복할 수 있는 가장 좋은 방법은 역시 다른 상대를 만나는 것이라고 생각해요."
대체로 만나 본 젊은이들의 사랑관이다. 이미 기성세대가 되어버린 나와 다른 그들. 그 시간의 간격은 대체 어느 만큼이나 되는 것이며 무엇으로 메울 수 있는 것일까.

그러나, 사랑은 헌신이라는 것만은 알아주렴. 결국에는 자기의 존재까지 내어주는 헌신이자 몰입임을. 그대들에게 다분히 바보스러운 일로 비칠지 모르지만 그 바보스러움에는 자기 희생을 동반하기에 아름답다는 것을. 마치 자신을 버려 온 하늘의 수놓는 저녁해처럼.

예감

나는 예감했다, 언젠가 나뭇잎 떨어지듯
그렇게 너 또한 내 곁을 떠나갈 것을.

새순은 언젠가 다시 돋겠지만 한번 떠난 그대는
영영 돌아올 수 없다는 것을.

어느 날의 반성

만나고 헤어지는 일에만 매달린 내가 부끄러웠다.
사랑을 저울질한 내 이기심의 잣대가 부끄러웠다.

한 사람을 마음속에 섬기는 일

이상한 일이다. 왜 자기가 갖고 싶은 것, 원하는 것은 멀리에만 있는 것일까. 가까이 다가가지 못하고 멀리서 서성거려야 하는 안타까움. 사랑이란 것은 어쩌면 못내 쓸쓸한 것인지도 모른다. 누군가를 위해 한 발짝 물러선다는 것, 그것은 내내 외로움을 감수하겠다는 뜻이 아닌가. 정말로 사랑하는 사람은 자신의 곁에 두지 않는 법이라고.

바람이 차고 매서웠던 어느 해 겨울, 한 여자를 진심으로 원하면서도 떠나 보내야만 했던 그런 때가 있었다. 맨 처음 그녀를 만난 것은 모읍내 2층 다방에서였다. 당시 군에서 전령 임무를 담당하고 있던 나는 우연한 기회에 그곳에 들르게 되었는데 마침 그날따라 유독 심하게 기침을 하던 나를 다방 종업원이었던 그녀는 그냥 보아 넘기지 않았다. 주문한 커피 대신 내 앞에 놓여진 홍차, 그리고 하얀 약봉지.

"감기엔 커피가 안 좋아요. 이건 제가 먹으려고 지어놓은 건데…."
의아해하며 올려다보는 나에게 그녀는 수줍게 웃어 보였고 그 가슴 저리게 환한 미소와 따스한 손길에 나는 대번에 감동하고 말았다. 그 이후, 시간만 허락하면 그 다방에 앉아 있었던 것은 물론이다.
어느덧 전역이 가까워져 초조해진 나는 조바심을 치다 마침내 릴케의 시집을 선물함으로써 그녀에 대한 마음을 전했다. 하지만 그때 지어 보인 그녀의 그 쓸쓸한 표정이란.
"그냥 친구로 지냈으면 해요. 부탁이에요. 그렇게 해주세요."
한 남자가 한 여자를 사랑한다는 것. 나는 그녀를 만나면서부터 그것이 그리 대수로운 일이 아니라는 것을 느껴야 했다. 진실로 자기가 원하고 있으면서도 어떤 경우엔 스스로 밀어낼 수밖에 없는 상황도 있다는 것을 실감해야 했다.

우리가 음악을 들으며 커피를 마실 때 분식집 구석에서 라면으로 끼니를 때우던 그녀. 사무실에도 있어 보았지만 그 돈으로는 동생들 학비조차 되지 않아 결국 밤마다 술에 흠뻑 젖어 살던 그녀. 그랬다. 자신이 서 있는 삶이, 그 현실이란 것이 그녀에겐 사랑보다 더 우선이었고, 그녀와 같은 삶을 살아가는 사람 또한 세상엔 얼마든지 많다는 것을 그녀를 만나면서부터 나는 어렴풋이나마 깨달을 수 있었다.

사랑. 그것은 내가 먼저 톱밥난로가 되는 것이다. 그래서 온기로 환히 달아오르는 그대 얼굴을 지켜보는 것만으로도 행복해하는 사람. 무엇보다 그대와 나 사이의 간격을 소중히 여길 줄 아는 사람이 되는 것이다. 그런 마음을 멀리하고 투정만 부리는 사람이 있다면 그 사람이야말로 사랑할 자격이 없는 것이 아닐까.

단풍

당신은 그저 스쳐 지나갔을 뿐이지만
나는 그만 발갛게 물들고.

되돌릴 순 없다, 다 태울 수밖에.

네가 좋아하는 영화의 주인공이 되고 싶었다

네가 웃을 때 난 너의 미소가 되고 싶었으며
네가 슬플 때 난 너의 눈물이 되고 싶었다.
네가 즐겨 읽는 책의 밑줄이 되고 싶었으며
네가 자주 가는 공원이 나무의자가 되고 싶었다.
네가 보는 모든 시선 속에 난 서 있고 싶었으며
네가 간혹 들르는 카페의 찻잔이 되고 싶었다.
때로 네 가슴 적시는 피아노 소리도 되고 싶었다.

떠난 지 오래지만 너의 여운이 아직 내 가슴에 남아 있는 것처럼
나도 너의 가슴 한 귀퉁이를 차지하고 싶었다.

안부

"어떻게 지내?"
나는 못내 서운했었다, 나 없이도 잘 지내고 있다는 너의 대답에. 너야 그럴 수 있을지 모르겠으나 내가 어찌 너 없이 잘 지내겠느냐고. 너의 안부를 물었으나 나의 안부는 정작 엉망이 되고만 날.

제4장
내가 당신을 사랑하는 것은

우리가 사랑하는 것은
우리가 사랑할 수 있는 것에 비해
너무나 적다

내가 당신을 사랑하는 것은
그만큼 맑고 깨끗하게 당신을 바라보기로
마음먹었다는 뜻이다

다시 반성

아름답다는 것은 그만큼 맑고 깨끗하다는 뜻이다. 내가 당신을 사랑하는 것은 그만큼 맑고 깨끗하게 당신을 바라보기로 마음먹었다는 뜻이다. 혹시 그 눈길에 때가 묻어 있는 것은 아닌지, 소유욕으로 그대를 얼룩지게 하는 것은 아닌지 유심히 한번 살펴봐야겠다.

너에게 바란다

다가오지 않아도 좋다, 그 자리에만 있어주길.
물러서지만 마.

사랑법

낮은 자세로 비어 있을 때 찾아든다.
그래야 찰랑찰랑 고인다.
조금만 높이 서 봐.
금세 새어버릴 것이야, 사랑은.

사랑의 비밀

참 이상한 일이다. 어떤 사람을 사랑하게 되면 그 사람을 한없이 챙겨 주고 싶어지는 것이 아닌가. 이건 그 사람이 잘 먹는 음식인데, 이 옷은 그 사람에게 참 잘 어울릴 텐데, 이건 그 사람이 좋아하는 음식인데…. 아무튼 무엇을 하거나 무엇을 보더라도 나보다 먼저 그 사람이 떠올려지게 되는 것이다.

그렇다. 사랑이 그런 것이다. 그 사람에게 한없이 마음을 써 주고 싶은 것. 그런 것이 바로 사랑이다. 보답을 바라지 않는 순수한 마음으로 흥정하거나 조건을 내세우지 않는 것. 내가 먼저 아낌 없이 베풀 때 사랑은 온다. 그 비밀스런 문을 조심스레 연다.

사랑의 진면목

사랑은 두 개의 얼굴을 가지고 있다. 한쪽은 희망, 한쪽은 절망. 그래서 우리는 사랑으로 인해 모든 것을 잃어버릴 수도 있으며 또 모든 것을 얻을 수도 있다.
한순간의 지나침으로 끝나는 경우도 있지만 평생을 가는 지순한 사랑도 있다. 유치한 반면 성숙하고 고귀한 면도 있다.

'20세기 최고의 로맨스' 라고 일컬어지는 다음의 실화는 사랑의 진면목을 여실히 보여주는 것이다.

영국 황실의 후계자였던 에드워드 공. 그는 1920년대와 1930년대에 걸쳐 전 세계의 이목을 집중시켰던 연애 사건의 주인공으로 유명하다. 독신으로 살고 있었던 그가 사랑에 빠지게 된 것은 당시 이혼 수속을 밟으며 여행을 하고 있었던 미국 출신의 윌리스 심프슨 부인을 만나게 되면서부터.

그는 그녀와 결혼하고 싶었으나 이혼 경력이 있는 여성과의 결합을 영국 왕실에서 허락할 리는 만무했다. 그는 왕위에 즉위해 에드워드 8세가 되어서도 왕실과 정부의 지도들에게 그녀와 결혼할 수 있게 끈질기게 요청했지만 그것은 받아들여질 수 없는 사항이었다.

결국 영국 의회는 그에게 왕위를 포기하든지 아니면 그녀를 단념하든지 두 가지 중 하나를 선택하라고 요구하게 되었다. 한동안 고심했던 그는 1936년 말, 마침내 국민들 앞에서 왕위를 버리고 사랑을 선택한다는 놀라운 결심을 발표하기에 이른다.

"짐은 사랑하는 여인을 멀리하고서는 본인에게 부여한 임무를 도저히 수행할 수 없음을 깨닫게 되었다. 또한 이런 마음가짐으로는 국왕으로서 의무도 이행할 자신이 없어 국왕의 자리에서 물러날 것을 만국민 앞에 천명하는 바이다."

사랑은 이처럼 왕위도 버릴 수 있는 고귀한 것이다. 하기야 우리의 인생에 사랑이 빠져 있다면 그 무엇이 가치로울 것인가. 그랬기에 수많은 영국 국민들은 그들의 결합을 진정으로 축복해 줄 수 있었다.
정든 고국을 떠나 낯선 타국으로 망명의 길을 떠나게 되었을지라도 결코 자신의 결정에 후회하지 않았다던 에드워드 8세. 사랑을 위해서라면 자신의 모든 것을 아낌없이 버릴 수 있는 그의 용기와 헌신이 새삼 부러워진다.

선택

한 남자를 사랑하는 두 여자가 있었다.
한 여자는 소문난 미인이었고, 다른 여자는 그저 수수한 보통의 처녀였다. 그래서 그런지 얼굴이 예쁜 그 여자는 남자에게 당당했다. 자신감 있게 남자를 대했고 주저함 없이 그에게 청혼했다. 그러나 수수한 그 여자는 아무 말 없이 미소만 보일 뿐이었다. 가끔 남자와 마주칠 때에도 조용히 고개를 돌리고 그가 지나가기를 기다렸다.
어느 날, 세 사람이 함께 자리를 할 우연한 기회가 찾아왔다. 평소에 가까이 지냈던 남자의 어머니가 자신의 생일파티에 두 사람을 나란히 초대했던 것이다. 거기서 얼굴이 예쁜 여자는 화려한 옷을 입고 연신 손님들과 어울려 자신의 미모를 뽐내기에 바빴다. 그러나 수수한 그 여자는 슬그머니 주방으로 들어가 음식을 나르는 등 바쁜 일손을 도와 주기에 여념이 없었다
파티가 끝날 때쯤 남자는 잠시 틈을 내어 쉬고 있는 그녀에게 다가갔다. 물기 묻은 그녀의 손을 잡고 청혼을 하기 위해서였다. 여전히 미모의 그 여자는 손님들과 떠들기에 바빴고 말이다.

참사랑의 모습

내가 어렸을 때 할머니가 돌아가셨다.
할머니는 시골의 어느 공원묘지에 묻혔다. 이듬해 방학 때 그 근처의 친척집엘 갔을 때였다. 우리가 탄 버스가 할머니가 잠들어 계시는 묘지 입구를 지나가게 되었다. 할아버지와 나는 뒷좌석에 함께 앉아 있었는데, 할아버지는 창문에 얼굴을 대시고 내 눈에 띄지 않게 가만히 손을 흔드셨다. 그때 나는 사랑이 어떤 것인지 어렴풋이 깨달았다.

떠나고 나면

잘해준 것은 생각나지 않고 못해준 것만 자꾸 생각난다. 줄 수 있을 때 아낌없이 주어야 한다. 줄 게 없어질 수도 있고, 줄 대상이 없어질 수도 있으니.

여명

일찍도 오시눈군요. 눈을 뜨면 당신만 보여요. 나는 점점 지워져요.
오늘도 당신을 사랑하겠습니다.

깨우치는 당신은 행복하다

앙드레 지드의 소설 『전원교향악』엔 다음과 같은 이야기가 나온다.

어느 날 밤, 나는 앞을 못 보는 수양딸 젤트류드를 음악회에 데리고 갔다. 곡목은 마침 '전원교향악'이었다. 내가 '마침'이란 표현을 쓴 것은 그것 이상 그녀에게 들려 주고 싶은 곡이 없었기 때문이었다. 연주회가 끝나고, 우리가 극장을 나선 이후에도 그녀는 마치 황홀경에 침잠해 있는 것처럼 상기되어 있었다. 그녀는 궁금한 듯이 물어왔다.
"세상은 정말 그래요? 음악에 나오는 저 실개천가의 경치…, 정말 그것처럼 아름답고 황홀하나요?"
나는 대답할 수가 없었다. 그 음악은, 있는 그대로의 세계를 그린 것이 아니라 인간의 세상에서 죄악이 사라지면 그러할 것이라는 상상 속에서 만들어진 곡이었기 때문이었다. 더욱이 그때까지 그녀는 죄나 악에 대해서는 잘 모르고 있었다. 그래서 나는 한탄하듯 말했다.
"아쉽게도 눈 뜬 자는 보는 행복이 뭔지 잊고 있어."
그러자 그녀의 조용한 목소리가 들려왔다.
"그러나 앞 못 보는 나는 듣는 행복을 알고 있는걸요."

행복하길 바란다면 먼저 자신부터 달라져야 한다. 손님을 맞이하자면 우선 방부터 치워 두고 초대하는 것이 순서가 아니겠는가. 욕심과 교만, 질투와 시기심 같은 찌꺼기들을 말끔히 쓸어 낸 다음 관심과 사랑이라는 벽지로 마음의 방을 정갈하게 꾸며 놓아야 비로소 행복은 찾아올 것이다.

봄이 어디쯤 오고 있는가? 지금 어떤 꽃이 피고 있는가? 그것을 느낀다면 당신은 이미 행복하다.

욕망이라는 이름의 쓰레기통

가을이 시작되기 전에 왜 꼭 찬바람부터 불어대는지 아는가?
남아 있는 이파리들을 모조리 거두려는 자연의 뜻. 미련이 남아 채 떨어지지 못하고 자리를 지키고 있는 나뭇잎들에게 신은 드센 바람을 통해 준엄한 경고를 보내는 것이다.
올 겨울의 초입에는 더더욱 그 바람이 거세게 불어줄 것을 기대한다. 끝끝내 자기 자리만을 고수하려는 탐욕스런 사람들에게, 자신의 욕망을 위해서 수단과 방법을 가리지 않는 사람이 있다면 바로 그 사람들에게.

고대 그리스의 철학자 디오게네스는 가난하지만 부끄럼 없이 사는 것이 최고의 선임을 깨닫고 일생을 그렇게 살려고 노력했다.
하루는 그에게 돈 많은 장사꾼이 찾아와 자신의 집으로 초대했다. 장사꾼의 집은 으리으리하기 짝이 없었다. 기둥이며 바닥이 모두 대리석으로 깔려 있었으며 집 안의 가구들은 모두가 금으로 된 장식품들이어서 눈을 뜨고 있기에도 어지러울 지경이었다.

장사꾼은 이런 자신의 집을 디오게네스에게 자랑하느라 여념이 없었다. 마치 제 집을 자랑하기 위해 그를 초대한 것인 양 입에 침을 튀기면서 연신 떠들어대고 있었다.
가만히 듣고 있던 디오게네스는 입을 우물거렸다. 그러고는 갑자기 장사꾼의 얼굴에다 침을 탁 뱉는 것이 아닌가. 놀라서 쳐다보는 장사꾼에게 내뱉는 그의 말이 또한 걸작이었다.
"이해하게. 이렇듯 아름답고 훌륭한 자네 집에서 내가 침을 뱉을 곳은 자네 얼굴밖에 없었으니까. 자네 얼굴이 바로 '욕심과 거들먹'이라는 쓰레기통이 아닌가."

오늘날 만일 디오게네스가 살아 온다면 침을 뱉을 곳이 어디 그 장사꾼의 얼굴뿐이겠는가.

나뭇잎 하나

사람의 가슴속에는 누구든지 사랑이란 나뭇잎 하나를 키우고 있지. 그리하여 그들은 늘 자신이 가슴을 촉촉하게 적셔 주지 않으면 안 되었다. 메마른 가슴속에선 그 나뭇잎이 푸르게 자라지 않기 때문이다.

자신을 사랑하는 만큼 남을 사랑할 수 있다

누군가를 사랑하자면 먼저 자신부터 사랑하는 법을 배워야 한다. 자신에게 없는 것을 남에게 줄 수는 없다. 먼저 자신의 내부에 사랑을 그득히 채워 놓고 나서야 비로소 남을 사랑할 수 있다. 그래야 그 사랑이 올바를 수 있다. 신은 사랑에 관한 한 가지 법칙을 인간에게 내렸는데, 그것은 자신을 사랑하고 수용할 수 있는 만큼만 다른 사람을 사랑할 수 있게 한 것이다.

좋아하는 사람이 생기기 전에 먼저 자기 자신과 사랑에 빠져 보라. 좋아하는 사람과 함께 하고 싶은 일들을 먼저 자신과 함께 해보라. 근사한 음악을 골라 줄 사람이 필요하면 스스로 안내책을 읽고 음악을 골라 보라. 혼자 영화를 보고 자신과 함께 즐겨라.
자신에게 도취되라. 자기 자신과 사랑에 빠질 수 없다면, 다른 누구와 함께 있어도 즐거움을 느낄 수 없고 깊은 사랑에 빠질 수 없다.
_비키 킹

단 하나의 행복

사랑이 우리에게 괴로움을 가져주는 것은 우리 스스로가 사랑을 괴로워하기 때문이다. 고뇌가 우리를 따라다니며 떨어지지 않는 것은 우리가 그것으로부터 도망치려고 하기 때문이다.

괴로워하는 모든 원인은 바로 우리에게 있다. 사랑에 대한 모든 장애물은 남이 만드는 것이 아니라 나 스스로가 만들고 있다는 것을 인정하자. 그리하여 사랑이 우리를 괴롭게 한다면 거역하지 말고 당당하게 맞설 일이다.

그래서 얼마나 감미로운지도 맛볼 일이다. 사랑할 대상이 없어 덤덤한 것보다는 차라리 고통스럽더라도 그리워할 누군가가 있는 것이 어떤 면에서는 더 낫다.

가슴에 새기면 좋을 글

우리가 생각하고 있는 것은 우리가 알고 있는 것에 비해 너무나 적다. 우리가 알고 있는 것은 우리가 사랑하는 것에 비해 너무나 적다. 우리가 사랑하는 것은 우리가 사랑할 수 있는 것에 비해 너무나 적다. 그래서 지금 우리의 모습은 본래 우리의 모습보다 훨씬 적다.

제5장
너를 생각하며 걷는 길

너를 생각하며 걸어가는 그 길

가도 가도 끝이 없었다
막막한 그 길에서 내 발은,
내 영혼은 다 부르트고…

조금씩만

나는 이제 조금만 사랑하고, 조금씩만 그리워하기로 했다. 한꺼번에 사랑하다 그 사랑이 다해버리기보다, 한꺼번에 그리워하다 그 그리움이 다해버리기보다, 조금만 사랑하고 조금씩만 그리워해 오래도록 그대를 내 안에 두고 싶다.
아껴 가며 읽는 책, 아껴 가며 듣는 음악처럼 조금씩만 그대를 끄집어내기로 하였다. 내 유일한 희망이자 기쁨인 그대, 아가면서 많은 것들이 없어지고 지워지지만 그대 이름만은 내 가슴속에 오래오래 남아 있길 간절히 원하기에.

사랑이 무엇인가

사랑이 무엇인가 하는 물음에 대답할 사람은 아무도 없다. 같은 얼굴이 이 세상에 한 사람도 없듯이 사랑은 각기 다른 모습으로 우리에게 다가오기 때문이다. 그러나 누가 만약 내게 그런 질문을 한다면, 나는 아주 날카로운 칼날이라고 대답하겠다. 쥐고 있으면 고통스럽고, 황급히 손을 빼면 그 칼에 베어 버리고 마는….

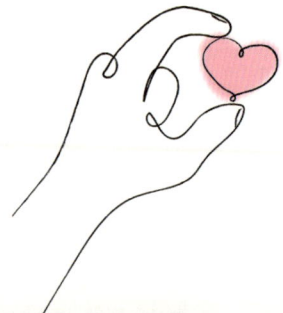

미안해

바라는 게 없다고 해놓고 점점 더 많은 것들을 바라서. 간섭하지 않겠다고 하면서도 점점 더 많은 것들을 간섭해서. 더 많이 이해해야 하는데 사소한 것까지도 그냥 지나치지 못해서.

사랑한다 했지만 정작 말로만 사랑해서.

사랑이라는 이름의 바퀴자국

버스가 지나갔다. 내 삶에도 많은 버스가 지나갔다. 특히나 사랑이라는 버스가. 문득 나는 아그네스 발차가 부른 그리스 민요 <기차는 8시에 떠나네>가 생각났다. 그 슬프디 슬픈 선율.

   카테리니 행 기차는 8시에 떠나네.
   이제 밤이 깊어도 당신은 비밀을 품고 오지 못하네.
   가슴속에 아픔을 새긴 채 안개 속에 나는 앉아만 있네.

돌이켜 보면 사랑이란 바로 저 기차와 버스 같은 것이었다. 뿌연 먼지만 일으키고 아득히 멀어져 가는 완행버스. 나만 덜렁 정류장에 내려놓은 채 멀리 사라지는 버스의 꽁무니를 바라보는 것은 얼마나 쓸쓸한 일이었던지. 함께 버스를 타고 영원히 살 수 없다는 그 사실이 나한테는 얼마나 큰 절망이었던지. 내 가슴에 난 바퀴자국.

훈련을 마치고 자대에 배치된 지 한 달이 갓 넘었을 때였다.
전령 업무를 맡은 나는 그날도 상급부대의 문서를 수령하기 위해 경기도 운천에서 철원으로 가는 완행버스에 몸을 실었다. 그런데 목적지에 다달아 내리려고 할 때쯤 나는 '전령증'을 부대에 두고 온 것을 알았다. 그것이 없으면 꼼짝없이 차비를 내야 하는데 내 주머니에는 잔돈만 달랑 몇 푼 있을 뿐이었다.
당혹스러웠지만 어쩔 것인가. 그거라도 내려고 손을 내민 나는 창피해서 안내양의 얼굴도 못 보고 있었는데 어느 순간 따스한 손길이 느껴졌다. 안내양이 도로 돈을 내어주며 내 손을 꽉 움켜잡는 것이 아닌가. 지금 생각해 보면 참으로 대범한 아가씨였다. 차비를 못 냈다는 부끄러움보다 내 손을 한참 동안 잡고 있는 뜻밖의 그녀 행동 때문에 내 얼굴은 더욱 붉어졌고.

버스에서 내린 나는 그 자리에 멈춰 서서 떠나가는 버스를 쳐다볼 수밖에 없었는데 그때 나는 또 볼 수 있었다. 그녀가 뒤돌아보며 내게 조용히 손을 흔들었던 것을.
무심코 지나칠 수도 있었겠지만 나는 결코 그럴 수 없었다. 그녀가 보여준 호의가 고마워서가 아니라 진정 그녀가 사랑스러웠던 것이다. 이상한 일이었다. 한순간의 만남이었지만 그 만남을 나는 오래 잊지 못했다. 그녀를 만나고 싶어졌고, 어느 틈엔가 그리움이 싹트게 되었다. 틈만 나면 나는 그 정류장 앞에서 하염없이 버스를 기다렸다.

내 가슴에 선명히 각인되어 있던 삼영버스 2390번. 하지만 무슨 이유에선지 끝내 그 버스는 다시 오지 않았다. 버스에서 나를 향해 손을 흔드는 그녀의 모습이 보이는 듯했으나 다시는 만날 수 없었다.

사랑은 그냥 그렇게 지나가는 것일까. 우리 삶에 깊은 생채기만 남긴 채.

내가 그대를 사랑하는 일이

그대를 만나러 가는 길이었다. 꽃집의 꽃이 하도 예뻐서 한움큼 사고 보니 시간이 조금 모자랐다. 급한 마음에 택시를 탔고, 택시 속에서 뛰다시피 마음을 졸였는데 하필이면 또 차가 막힐 줄이야.
택시 안에서 마냥 시간을 허비할 수는 없는 일. 나는 또 급하게 택시에서 내려 내달리기 시작했다. 아아, 그때 햇빛은 왜 그리 눈이 부시던지. 너무 눈이 부셔 눈을 감고 달려 가던 길, 가슴 벅차게 뛰어가던 사랑이라는 길. 나는 그 길을 언제나 그대와 함께 가고 싶었다.

그러나 그대는 없었다. 주위를 한참이나 찾아보았지만 어디서도 그대의 모습은 찾을 수가 없었다. 숨을 헐떡이며 정신 없이 달려왔지만 약속 시간은 이미 한참이나 지난 뒤였고, 그대가 앉아 있어야 할 벤치는 휑하니 비어 있었다. 땀을 닦을 생각도 않고 나는 멍 하니 서 있을 수밖에. 맥이 풀리고, 속절 없이 다가오는 아득한 절망감.
그대가 앉아 있던 빈자리. 아직도 온기가 남아 있는 그 자리에 나는 들고 온 장미꽃 다발을 내려놓았다. 그대 가슴에 안겼더라면 더욱 예뻤을 장미꽃들도 힘없이 풀이 죽은 어느 토요일 오후.

무덤덤하게 그대 이름을 불러볼 수 있는 날은 언제일지. 그런 날이 과연 오긴 올는지 한번 생각해 보았다. 그대 이름 두 글자만 떠올려도 금세 눈물이 그렁그렁 고여 오는 건 아마도 우리 사랑엔 기쁨보다는 슬픔이 많은 탓이겠지. 언제쯤이면 그대 이름을 눈물 없는 환한 얼굴로 불러볼 수 있을지. 그런 날이 아마 내가 살아 있는 동안엔 오지 않을 것 같아서 우리 사랑은 슬픔 그 자체였다.

올 수 없다는 것을 알고 있으면서도 마냥 기다리고만 있었던
어느 토요일 오후.

한여름밤의 사색

한동안 별들을 잊고 지냈다. 바쁘게 살고 있다는 이유로 밤하늘을 올려다본 지 이미 오래다. 보려 해도 볼 수 없는 게 요즘의 하늘이겠지만 별은 예전이나 지금이나 변함없이 반짝이고 있다. 변한 것은 공해로 뒤덮인 하늘처럼 온갖 탐욕으로 가득한 내 마음이다.
남보다 뒤쳐지지 않으려고 애쓰다 보니 여유가 없었고, 여유가 없다 보니 또 조조했다. 갈수록 혼탁해져 가는 마음이 스스로 느껴져 답답할 때도 있었지만 그때뿐이었고, 어쩌다 별이 보이기도 했지만 내 눈에 잠깐 스치고 지나갈 뿐이었지 가슴에 담아 둔 것은 아니었다.

철이 든다는 것은 무엇일까? 그만큼 현실적으로 된다는 뜻일까? 현실적이라는 이야기는 또 무엇일까? 그만큼 세상의 숫자들을 잘 헤아린다는 뜻일까? 별을 보며 미래를 꿈꾸던 유년시절의 꿈은 지금쯤 어느 하늘을 헤매고 있을까?

내 유년의 여름밤은 밤하늘에 빛나는 별들을 헤아리는 것에서부터 시작되곤 했다. 보석처럼 박힌 별들을 헤아리다가 스르르 잠이 들기도 했었다. 오줌이 마려워 한밤중 잠에서 깨어나 마당에 내려서서 바짓가랑이를 내렸을 때, 잠에 취한 눈 속으로 우르르 쏟아지는 은빛 가루들. 카시오페아, 은하수, 북두칠성, 오리온, 견우와 직녀….

나이를 먹는다는 것은 결국 그런 동경의 세계에서 한 발자국 두 발자국 걸어 나와 현실이라는 울타리 속에 갇힌다는 뜻이다. 가끔 내가 하는 일이 힘겨울 때가 있다. 한껏 고함을 질러 봐도 가슴이 답답해져 오는 적이 있다. 가끔 살아 있다는 것이 짐스러울 때가 있다. 세상에 나 있는 수많은 길 중에서 하필이면 내가 왜 이 길로 들어섰을까 후회스러울 때, 믿었던 친구가 등을 돌릴 때 나는 그만 죽고 싶어지는 것이다. 그 외에도 나를 살고 싶지 않게 하는 수많은 이유들….

여름 가뭄이 지독했던 어느 해 여름, 동네의 못물들이 말라 거의 바닥을 드러낸 적이 있었다. 어른들은 혀를 차며 하늘을 원망하고 있었지만 나보다 서너 살 많은 동네 형들은 쾌재를 부르며 못으로 달려갔다. 거기, 물이 없어진 진흙덩이 속에서 물고기들이 헐떡대고 있었던 것이었다.
잡히지 않으려고 진흙 속으로 몸을 파묻는 고기들을 건져내며 형들은 환호성을 질렀다. 팔딱이다 마지막엔 몸을 솟구쳐 튀어오르는 작은 물고기도 있었다. 은빛 비늘이 햇빛에 반사될 때의 그 현란함이란.
뒤에서 숨죽이며 지켜보고 있는 내 숨이 다 넘어갈 지경이었는데 웬일인지 자꾸만 콧등이 시큰거렸다. 그때 내가 뭘 알았겠느냐만은 세상에 대해 조금 눈을 떴을지도 모른다. 삶과 죽음이 별 차이가 없다는 것. 두 눈 벌겋게 뜨고 있는 나도 언젠가는 저렇게 죽는다는 것.

많은 세월이 흘렀지만 나는 아직 살아 있다. 왜 여태 죽지 않고 살아 있는 것일까? 자, 오늘밤은 그 답을 한번 찾아보자.

내가 죽지 않고 반드시 살아 있어야 할 이유,

과연 그 대답이 얼마나 많으며 얼마나 정당한지 꼼꼼히 따져 보자.

새벽 길

새벽, 길을 가다 보니 이 이른 시간에도 사람들이 모여 있는 곳이 있다. 새벽시장이 열리는 곳, 삼삼오오 둘러 모여 모닥불을 쬐는 그들은 잠을 채 떨구지 못한 눈으로 연신 하품을 하고 있었다. 눈곱을 떼내는 사람도 보인다. 따뜻한 풍경이었다. 모닥불의 열기만은 결코 아닌 이 훈훈함은 어디에서 오는 것일까.
갑자기 내가 부끄러워지기 시작했다. 주어진 삶에 최선을 다하는 그들의 모습 앞에서 나는 얼마나 초라한가. 아침은 아마도 그렇게 밝아 올 것이다. 어둠이 채 가시지 않은 거리를 묵묵히 쓸어 내고 있는 환경 미화원 아저씨의 빗질 사이로, 종종걸음으로 도서관을 향하고 있는 학생, 출근길을 서두르는 회사원들의 발걸음에서부터.

아침 산행

작은 산을 찾았다. 내 눈엔 작아 보였지만 산은 작지 않았다. 작은 산이라 생각한 내 오만을 비웃듯 산에는 온갖 세상들이 모여 있었다. 낙엽들의 세상, 벌레들의 세상, 바람과 돌과 물과 나뭇잎의 세상. 조그만 풀잎 하나에도 세상이 숨겨져 있는데 작은 산이라니.

올라갈수록 산은 만만치 않았다. 골짜기에 쌓여 있는 눈과 빙판길. 쉬 정복할 수 있을 것 같던 산은 별다른 준비 없이 산행을 나온 나에게 당혹감을 안겨 주었다. 아무리 작은 산이라도 정상에 오르는 일만큼은 쉬운 게 아니었다. 하기야 세상에 만만한 일이 어디 있으랴.

정상에 서 있던 나무들의 키가 왜 작은지 알 것 같다. 고개를 숙이지 않았다면 어떻게 그 매서운 눈과 바람을 견뎌 낼 수 있었겠는가.

낮은 목소리로

자연스레 울려 나오는 소리는 아름답다. 바람부는 소리, 물 흐르는 소리, 까르르 웃는 어린아이 웃음소리. 그러나 억지로 내는 소리는 어딘지 모르게 듣기가 거북하다. 자기 소리가 아닌 까닭이다.

언제부터일까, 내가 내 목소리를 잃어버린 때는. 내 가슴에 있는 말은 묻어 두고 위장된 목소리로 외쳐댄 것은. 어쩌면 나는 외롭다는 핑계로 자꾸만 목소리를 높였던 것은 아닐까. 혼자 고립되지 않으려고 자꾸만 과장되게 나를 드러내려고 했던 몸부림.

지금보다 조금만 더 목소리를 낮추어 보자. 그러면 외로움의 높이도 자연히 낮아질 것이다.

갈수록

사랑을 깨닫는 일은 아주 쉬운 일 같지만 반드시 그런 것만은 아니다. 마치 우리가 늘 접하고 있으면서도 무감각한 공기처럼. 사랑은 우리가 살아가는 데 있어 한순간도 우리 곁을 벗어난 적이 없지만 깨닫지 못하는 묘한 것이다.

대부분의 사람들은 처음 사랑을 접했을 때, 아주 사소한 것에서도 그 이상의 희열을 느낀다. 사랑하는 사람이 자신에게 보여주는 관심과 애정에 대해 더없이 행복해하고 고마워한다. 하지만 왜 갈수록 덤덤해지는 것인지. 처음엔 아주 작은 것에도 감동하지만 나중엔 그것보다 더 큰 것에도 왜 시큰둥한 것인지. 그것이 바로 사랑을 멀어지게 하고 있다는 것을 알아차려야 한다.

사랑이 깊어질수록 2

사랑이 깊어질수록 대부분의 사람들은 소유와 집착에서 비롯되는 의존의 아픔을 느끼기 시작한다. 하지만 그것이 진정한 사랑의 의미는 아닐 터, 구속하거나 사로잡는 것이 사랑의 전부는 아니기 때문이다. 진정한 사랑은 어떤 것도 원하지 않으며, 모든 애착에서 자유로워지는 것이다. 참으로 신비하게도 사랑은 아무것도 요구하지 않아야 스스로 가득찰 수 있다.

만일 지금 당신이 진정한 사랑을 하고 있다면 더 이상 바라지도, 더 이상 가지려고도 하지 않을 것이다. 오로지 사랑 하나로만 가득 차 있기 때문에…….

죽기 살기로

지금 비록 힘겹고 깜깜해도 살아 있음은 내게
무한한 축복이다. 살아 있기 때문에 흔들리고,
살아 있기 때문에 아프고 외롭다.

관심

내 앞에 사람이 있다. 그러나 나는 그 사람을 보고 있지 않다. 두 눈은 멀쩡히 뜨고 있지만 무언가를 제대로 본 적이 없다. 아침에 해가 뜨고 저녁에 해가 지기까지 내 시선에 담겼던 것들. 그중에 무엇 하나 기억해낼 수 없는 것은 그냥 건성으로 보고 건성으로 지나쳤기 때문이다. 우리는 그렇게 앞만 보며 걷는다. 오로지 자기 갈 길만 부지런히 갈 뿐이다. 꽃이 피는지, 바람이 부는지, 노을이 지는지, 별이 뜨는지 주변에 대한 관심도 도통 없다. 그렇게 해서 어디를 가려는지, 또 무엇 때문에 가야 하는지 알고 있기나 할까?

물론 더 큰 집, 더 좋은 승용차, 더 높은 자리를 위해 열심히 걸어가는 것이 나쁘다는 얘기는 아니다. 그러나 그것 때문에 잃어버리는 것이 많다면? 그 잃어버린 것이야말로 우리 인생에 있어 진실로 소중한 것이라면?

지하철을 탔을 때 종종 느끼는 것이지만 사람들의 표정은 대부분 무표정하기 일쑤다. 멍하니 허공만 응시할 뿐 주위엔 별 관심이 없다. 하기사 주위에 관심을 가졌다가는 이상한 눈초리를 받기 십상이다. 그래서 어쩌다 시선이 마주쳐도 얼른 고개를 돌려 피해 버리고 만다. 상대방에게 괜한 오해를 사고 싶지 않은 까닭이다. 그래서 요즘에는 아예 목적지에 도착할 때까지 스마트폰에 시선을 붙박아 놓는 사람도 많다.

어떤 때는 정말 숨이 막힐 것 같다. 볼 것만 보고 자기 일이 아닌 것은 대수롭지 않게 그냥 넘기는 세상, 남의 일에 관심을 두면 오히려 이상한 오해를 사기 십상인 세상, 그래서 너나 없이 가슴을 닫아 두고 있는 세상이.

창문을 닫으면 햇볕이 들지 않는 것이 당연한 이치다. 이젠 좀 마음의 문을 열고 서로에게 가벼운 눈인사라도 나눴으면. 오래 만나지 못했던 친구들의 안부도 묻고 몸져 누운 옛 은사의 병문안도 갔으면. 옆집에 누가 살고 그 사람은 무얼 하는지 고개도 돌려 봤으면.

헤아릴 수 없이 많은 모래알이 모여 백사장을 이룬다. 그들은 흩어지지 않고 함께 모여 있기에 아름다운 것이다. 우리 또한 서로를 필요로 한다. 짓밟고 일어서야 할 경쟁 상대가 아니라 어깨를 감싸안고 함께 가야 할 동반자로서.

안도현 시인이 쓴 『연어』라는 책에 이런 말이 있다.

내가 세상에 존재하는 이유는 바로 다른 사람들의 배경이 되어주기 위해서다.

참 따스한 말이다. 붉게 물든 저녁 노을이 아름다운 이유도 저무는 해의 배경이 되어주기 때문이 아닐까. 그래, 그렇게 어울려 살아가야 진정한 삶이라 할 수 있으리. 내가 너의 배경이 되어 주고, 네가 나의 배경이 되어 주는 삶. 그렇게 모여 살아야 또 풍성할 수 있으리. 모래알이 많을수록 더 넓고 아름다운 백사장이 되는 것처럼.

사람들은 누군가에게 보여지길 원한다. 자신의 말에 귀 기울여 주길 원한다. 피곤한 어깨를 어루만져 주고 따스하게 감싸주길 원한다. 다만 내 손을 조금 뻗는 것으로도 환하게 웃을 수 있는 사람. 그것만으로도 충분히 행복해할 사람이 바로 내 앞에 있다. 바쁘다고 그냥 지나치려는가?

유서

오늘밤엔 유서를 써놓고 잠들어 보리라.
그러면 삶에 더 애착이 가지 않을까. 어차피 인간은 죽는다지만 유서를 쓰는 심정으로, 지금이 마지막이란 심정으로 생을 살아간다면 한 순간도 소홀히 보낼 수 없을 텐데. 또한 주변의 모든 것들, 내가 아는 모든 이름들이 그렇게 소중하고 절실할 수가 없을 텐데.

어떤 꽃으로 필래?

아무리 작은 풀이라도 다 저만의 꽃을 피워낸다. 그동안 수고했다고 스스로의 삶에 훈장 하나를 얹어주는 것이다. 때로 삶이 힘들고 지치는가? 하지만 그 노력으로 인해 당신의 삶이 이만큼 올 수 있었다는 것을 기억하라. 힘겹고 지친 만큼 내 삶이 윤택할 수 있었다는 것 또한.
삶의 한 모퉁이, 당신은 어떤 꽃으로 필래?

제6장
가슴에 저무는 한 줄기 황혼으로

내 모든 것을 주어도
하나도 아깝지 않은 것이었지만
사실은 하나도 주지 못한 것 같아
그게 더 안타까웠네

너의 여운이 아직 내 가슴에 남아 있는 것처럼
나도 너의 가슴 한 귀퉁이를 차지하고 싶었다

소유

더 이상 그대에게 줄 것이 없네.
세상 모든 것이 나의 소유가 된다 해도
결코 그대 하나 가진 것만 못하네.
내 모든 것 그대에게 주었으므로
더 이상 줄 것이 없네.
주면 줄수록 더욱 넉넉해지는
이 그리움밖에는.

내 모든 것을 주어도
하나도 아깝지 않은 것이었지만
사실은 하나도 주지 못한 것 같아
그게 더 안타까웠네.

아아, 내게 남은 건 없네.
영화가 끝나고 텅 빈 극장 관람석처럼.

나만 괴로운 것이 아니다

사랑으로 인해 괴롭다면 나만 괴로운 것이 아니라는 것을 깨달아야 한다. 어쩌면 그는 나보다 더한 고통을 참고 있는지도 모른다. 자기만 괴롭다고, 왜 자기에게만 이런 고통을 내리느냐고 하늘을 원망하지 말 것.

원래 사람에게 배당된 고통의 양은 눈곱만치도 차이가 나는 게 아니다. 다만 받아들이는 쪽의 자세에 따라 차이가 날 뿐. 괴로움이란 일정한 무게가 있는 것이 아니라서 받아들이는 쪽의 자세에 따라 가벼울 수도 무거울 수도 있다. 괴로워하는 모습을 가능하면 그에게 보이지 말자. 그것으로 인해 그는 더 괴로울 수도 있으니.

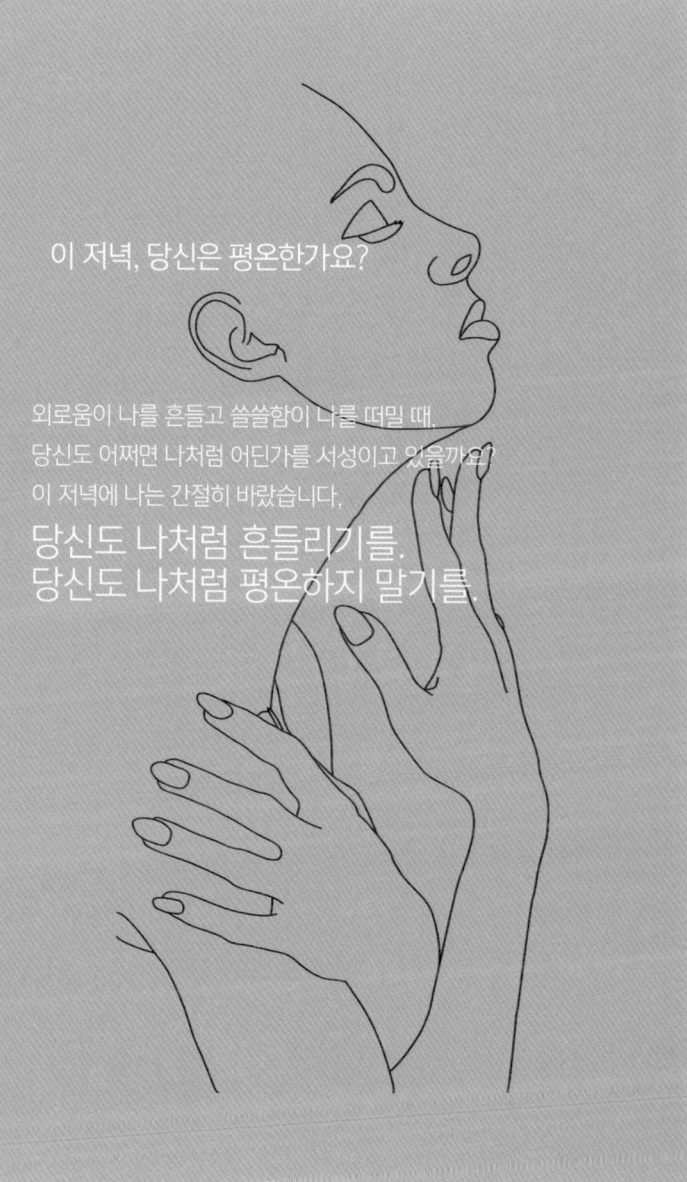

이 저녁, 당신은 평온한가요?

외로움이 나를 흔들고 쓸쓸함이 나를 떠밀 때.
당신도 어쩌면 나처럼 어딘가를 서성이고 있을까요?
이 저녁에 나는 간절히 바랐습니다,

당신도 나처럼 흔들리기를.
당신도 나처럼 평온하지 말기를.

사랑은 주는 사람의 것

사랑은, 뭐니 뭐니 해도 무엇을 받으려고 기대하는 것이 아니라 무엇이든 주려고 생각하는 것이다. 시냇물이 바다에게 자신의 온몸을 내던지듯 자신의 존재마저 주는 것이 사랑의 본질이다.
그런데 거기에 대가를 바라는 사람이 있다. 물론 줌으로써 받을 수 있는 대가는 다양하지만 결코 바라서는 안 된다. 내가 무엇을 주었기 때문에 대가가 있어야 한다는 것은 '사랑' 아니라 '계산'이므로.
자기 자신이 주지 않고는 못 견뎌서 줘놓고 대가를 바란다는 것은 사랑을 강매하는 행위와 다를 바가 없지 않은가. 내가 너를 사랑해서 무엇인가를 베풀 때 무엇이 돌아올까를 염두에 두지 말라.
사랑은 장사가 아니다. 그러니 내가 준 만큼 되돌려 받지 못했더라도 실망하지 마라. '손해'라는 생각을 더더욱 갖지 말라. 사랑은 받는 사람의 것이 아니라 주는 사람의 것이므로.

절대적인 사랑

오시리스는 건강하고 용기 있는 이집트의 왕자였다. 그는 부왕의 뒤를 이어 왕위에 오른 다음 선정으로 백성들의 삶을 보살폈다. 그러나 그는 권력을 질투하는 동생 세도에 의해 무참히 살해되고 말았다.
아내 이시스는 비탄한 나머지 머리카락을 자르고 울부짖다 마침내 나일강에 던져진 남편의 시신을 찾으러 길을 떠나게 된다. 천신만고 끝에 남편의 관을 찾아낸 이시스. 그러나 이를 알게 된 세도는 다시 오시리스의 시체를 열네 조각으로 토막 내 각지에 뿌려버렸다.
이시스는 절망하지 않았다. 다시금 길을 떠나 남편의 잔해들을 찾아내었고, 찢어진 조각들을 하나하나 맞추어 제 모양을 갖추게 했다. 결국, 이시스의 지극한 사랑으로 죽었던 오시리스가 다시 생명까지 얻게 된다. 죽음까지도 뛰어넘을 수 있는 한 여성의 절대적인 사랑. 비록 신화이긴 해도 사랑의 힘은 그토록 위대하다.

길이 되어 당신께로

어쩌면 당신은 한 번도 오지 않을 길
하루에 수천 번이라도 나는 간다.

내가 길이 되어 당신께로

고통도 지나고 나면 달콤한 것

〈풀잎〉이란 시로 유명한 시인 휘트먼을 이렇게 말했다.
"추위에 떤 사람일수록 태양의 따스함을 느낀다. 인생의 고뇌를 겪은 사람일수록 생명의 존귀함을 안다."
그렇다. 비록 지금은 우리가 힘든 시기를 보내고 있지만 이 고비를 잘 넘기고 나면, 우리에게 한때 그런 때가 있었지 하고 미소 지을 때가 있을 것이다. 우리 인생의 있어서 행복이란 어쩌면 그 깊었던 고통만큼 찾아오는 게 아닐까. 쓴맛을 깊이 경험하지 않고선 단맛을 알 수 없는 법이다. 우리 인생은 늘 상처투성이라고 헵벨은 이야기했다만, 그것은 인생의 비애를 말하기 위한 것이라기보다는 살아가기 위해서는 늘 역경과 싸우는 것이 우리 인생이며, 바로 그 역경과 싸워 나가는 과정에서 상처도 입는다는 뜻일 것이다.

생각해 보면, 우리의 삶에는 고통의 흔적 없는 날이 하루도 없는 것 같다. 하루하루가 고통의 연속이면 상처투성이다. 그러나 이 때문에 굳이 절망할 필요는 없으리. 비 온 뒤에 땅이 더욱 굳어지듯 고통도 지나고 나면 달콤한 것이기 때문이다.

산의 정산을 올라가자면 미끄러질 때도 있다. 때로는 발을 헛디뎌 상처 입을 때도 있다. 그러나 그런 때일수록 다음 발걸음은 더욱 조심스럽고 또 힘찬 법이다. 그렇게 오른 정상일수록 눈앞에 펼쳐진 광경들이 더욱 뿌듯할 것이다.

고난이나 실패도 우리 삶의 한 부분이라는 마음을 가지고 우리 인생을 스케치해 나가지 않으면 안 된다. 지우개 없이 단 한 번으로 완벽하게 스케치를 할 수 없는 것처럼 한 번의 실패도 없는 인생은 생각하기 어려운 법. 어떻게 딛고 일어서는가가 중요하다.

뒤를 돌아다보며 걷는 사람은 하수구에 빠지기 십상이다. 아테네의 장군이었던 이피크라테스는 유명한 선조들이 많은 가문의 후손인 하모디우스로부터 구두쟁이의 아들이라는 이유로 비난을 당했다.
그때, 그는 딱 잘라 말했다.
"나의 가문은 나로부터 시작된다. 당신 가문은 당신이 끝이다."
어떤 경우에도 과거에 집착하는 것은 좋지 않다. 우리가 처한 환경이 아무리 어둡더라도 어딘가에 불씨는 남아 있으리라. 우리가 지난 일에 대해 부끄러움을 느끼는 것은 이미 각성을 했다는 뜻. 우리 가슴속에 저마다 담고 있는 불씨를 피워낼 각오를 새롭게 다졌다는 뜻.

어둠을 뚫고 찬연히 떠오르는 저 태양처럼 우리도 그렇게 조용히 다시 일어서자.

주는 만큼 늘어나는 행복

어떤 사람이 자전거를 열심히 닦고 있었다. 그 곁에선 아까부터 호기심 어린 눈으로 구경하는 소년이 있었다. 금세 윤이 번쩍번쩍 나는 자전거가 몹시 부러운 듯 소년이 물었다.
"아저씨, 이 자전거 꽤 비싸게 주고 사셨지요?"
"내가 산 게 아니란다. 형님이 주셨어."
"그래요? 저도…."
소년의 부러움 섞인 말은 그 사람의 미소를 절로 자아내게 했다. 나에게도 그런 형이 있다면 얼마나 좋을까, 분명 그런 생각을 소년은 가졌을 것이고, 그런 형을 가진 자신은 정말 행복하다고 생각했다. 그런데 그는 곧 다시 소년을 쳐다보아야 했다. 소년의 다음 말은 자신의 짐작과는 전혀 딴판이었기 때문이었다.
"저도 그런 형이 되면 좋겠네요. 저에겐 심장이 약한 동생이 있는데, 그 애는 조금만 뛰어도 숨을 헐떡이거든요. 저도 제 동생에게 이런 멋진 자전거를 주고 싶어요."

주는 것과 받는 것.
대부분 받지 못해 안절부절못하는 경우는 있어도 주지 못해 안타까워하는 경우는 잘 없으리라. 남의 것은 받지 못해 안달하면서도 내 것은 손톱만치도 주지 않으려는 요즘의 세태에 소년의 그 같은 마음씀은 정말 가슴 뭉클한 것이었다.
대개 겨울은 '왔다'라는 표현보다 '닥쳤다'라는 표현을 쓴다. 그것은 겨울 한 철을 나기가 다른 어느 계절보다 어려운 까닭이다. 있는 사람보다는 없는 사랑에게 더욱 혹독한 계절인 겨울.
그 초입에 서서 나는 생각해 본다. 거창한 구호나 커다란 대의명분도 좋지만 진정 우리가 보살펴야 할 가난한 이웃들에게는 얼마나 관심을 가지고 있는지. 말로만 '온정'을 떠들었지 그들을 진정 따스한 마음으로 감싸준 적은 있는지.

'스스로를 행복하다고 생각할 수 있는 사람이 행복한 사람이다'라는 괴테의 말은, 주어지는 것이 아니라 자기 스스로가 찾아서 느끼는 게 바로 행복이란 뜻을 내포하고 있다. 그런데도 사람들은 끊임없이 밖을 향해 두리번거리고 있다. 밖에 있는 것을 찾는 것이 아니고 안에서 만들어내는 힘이 행복인데 말이다. 결국 행복이란 것은 줌으로써 찾게되는 것이 아닐까. 베푸는 만큼 행복의 양도 그만큼 많아질 것이고. 그러나 가진 것이 충분한데도 더 많은 것을 가지기 위해 안달하는 사람도 우리 주변에는 적지 않다. 곳간 가득 곡식이 쌓여 썩은 냄새가 진동을 하는데도 베풀지 않으려는 그 욕망의 화신들은 행복의 진정한 맛을 알까.

온갖 재해가 횡행하는 현대사회, 요즘같이 사고가 무성한 현실에 오직 당신만이 무사할 수 있으리라고 장담할 수 있겠는가. 선행을 많이 베푼 사람에게 하늘은 결코 무심치 않다. 하늘은 반드시 기억해 그 보답을 내린다고 믿고 있다.

재난에 대비해 각종 보험을 드는 사람이 많아졌다. 보험 종류가 많기도 하다. 그런데 인생 보험은 들었는지?

'자선'이라는 보험이야말로 우리 인생의 행복을 확실히 보장해 줄 보험이라는 것을 당신은 혹시 아는가?

한 점 별빛으로 남을 책, 사랑

19세기 후반. 평생을 극심한 가난 속에서 보낸 영국의 소설가 조지 기싱은 어느 날 고서점에서 꼭 읽고 싶은 시집 한 권을 발견했다. 가격은 6펜스, 비교적 헐값이었으나 그는 망설이지 않을 수 없었다. 왜냐하면, 그 돈은 그가 지니고 있던 전부였으므로.

그러나 그는 눈을 지긋이 감고 그 책을 사 버리고 만다. 며칠을 굶을지언정 마음에 드는 책을 놓치고 싶지 않았던 것이다. 그는 훗날, 그때의 심정을 다음과 같이 토로한다.

"돈이란 나에게는 마음을 번거롭게 할 만한 것이 못 된다. 나에게는 맛있는 음식보다도 더 욕심나는 것이 바로 책이다. 물론 도서관에 가면 볼 수도 있으나 그것은 내가 가지고 있던 책과는 전혀 다른 것이다. 비록 다 해진 책일지라도 내 책을 읽는 것이 남의 책을 읽는 것보다 훨씬 좋다."

비록 넉넉지 않다 할지라도 사정이 허락할 때마다 책을 사고, 또 그 책을 자기만의 책장에 꽂아두고 틈틈이 읽을 수 있는 사람. 그 사람은 분명 누구보다도 마음이 풍요로운 사람일 것이다. 그것이 바로 우리 영혼의 방을 채워 가는 일이기에 말이다.

어린 시절에 읽었던 책 속의 이야기는 나이를 먹고 철이 들면서도 오랫동안 기억에 남는다. 특히 감성과 이성이 눈뜨기 시작할 학창 시절, 그 사춘기 무렵에 읽었던 책은 우리 가슴에 영원히 지워지지 않는 한 점 별빛으로 남기도 한다. 사실 그 시기의 흔들림을 잠재우는 데 책만큼 훌륭한 것이 또 있을까. 나 또한 예외가 아니었다. 대상도 없는 막연한 그리움에 잠 못 이루던 그 시절, 책은 내가 앞으로 어떻게 살아가야 하는지를 가르쳐 주는 인생의 이정표이였다. 그 속에서 난 무엇보다 우리 인생의 가장 보배로운 '사랑'을 배울 수도 있었다.

'옛날에 한 그루의 나무가 있었습니다. 그리고 그 나무에게는 사랑하는 한 소년이 있었지요.'라고 시작하는 실버스타인이 쓴 『아낌없이 주는 나무』. 그 책은 10분이 안 걸려 다 읽을 수 있으나 몇 년이 지나도 그 감동의 파장은 내 가슴속에서 멈출 줄 몰랐다. 사실 '사랑'에 대해 이 세상의 수많은 학자, 수많은 예술가, 수많은 철학자가 이야기해 왔지만 그 책만큼 나에게 사랑에 대해 명쾌하게 일러준 것은 다시 없을 듯하다.

한 나무가 자기가 사랑하는 어떤 소년에게 자기의 모든 것을 내준다. 오랜 세월이 지난 뒤에 소년은 초라한 할아버지가 되어 돌아왔다. 잘려나간 밑동만 남은 나무는 그에게 더 줄 것이 없어 미안했다.

"얘야, 이젠 내가 줄 것이 없어 미안하구나. 내 밑동에 앉아 쉬거라."

나무의 말에 초라한 노인은 잘려나간 밑동만 남은 나무에 앉아 쉬었다. 그러자 나무는 행복했다.

그 대목은 생각할수록 내 가슴에 조용히 감동의 물결을 일게 한다. 사실 사랑에 있어서 자신의 소중한 것까지 모두 줄 수 있는 헌신이 없다면 그것은 이미 향기를 잃은 꽃과도 같을 것이다. 사랑하는 아이를 위해서 자신의 모든 것을 아낌없이 줄 수 있었던 나무. 그리하여 마침내는 더 줄 것이 없어 안타까워했던 나무.

순결무구한 사랑이야기, 수채화 같은 고결한 감동이 바로 책 속에 있다. 오늘 밤은 그런 여운 속에서 잠을 청하자. 단 한두 줄이라도 책을 읽고 잠들면 혹시 아는가? 당신이 못다 이룬 꿈을 만날는지….

다시 별

사랑은 과연 그대처럼 멀리 있는 것인가.
내 가슴속에 별빛이란 별빛은 다 쏟아부어 놓고

그리움이란 그리움은 다 일으켜 놓고
그대는 진정 거기서 한 발짝도 내려오지 않긴가.
그렇게 싸늘하게 내려다보고만 있을 것인가.

사랑이 죄지

걷다보니 또 여기까지 왔습니다.
이러지 않기로 수없이 다짐해 놓고
오늘 또 약속을 어기고 말았습니다.
그대는 난처한 얼굴로 돌아서지만
내가 무슨 죄입니까, 사랑이 죄지.

그대여, 내 맘대로 할 수 없는
사랑을 탓하십시오.

사랑은 천천히

사랑은 천천히 쌓아가는 것.
어느 한순간에 갑자기 이루어지는 것이 절대 아니다. 어린아이가 제대로 걷기 위해서 수없이 넘어지는 것처럼 사랑 또한 그런 과정을 반복한 후에야 비로소 알찬 열매를 맺을 수 있다.
그렇다면 지금 우리 사랑이 어려운 지경에 놓여 있다고 해서 실망할 필요는 없겠지. 쉽게 꺾일 사랑이라면 애초에 시작도 하지 않았을 것이라고 굳게 마음을 먹자. 지금 비록 힘이 든다 할지라도 이 고비만 잘 넘긴다면 사랑은 더욱 튼튼하게 우리 삶의 밭에 뿌리내릴 수 있으니, 지금 겪고 있고 고비로 인해 나중에 더 많은 열매를 맺을 수 있다는 걸로 위안을 삼자.
어려운 상황을 많이 겪고 난 다음의 사랑이야말로 얼마나 소중하고 행복할 것인가. 사랑은 그렇게 천천히 쌓아가는 것.

정성과 노력

나치 독일의 지배자였던 히틀러는 여성과의 교제를 피했다고 한다. 그는 한 여인을 지배하기가 이 세계를 지배하는 것보다 더 어렵다는 것을 이미 알고 있었던 것이다.
한 사람의 사랑을 구하자면 그가 무엇을 좋아하는지를 먼저 알아야 하고, 그 사랑을 지속시키려면 그가 무엇을 싫어하는지까지 동시에 알고 있어야 한다.

정성을 깃들이지 않고선 사랑의 씨앗은 결코 뿌리를 내릴 수 없다. 노력과 인내 없이 사랑의 싹은 자랄 수 없으며, 열정과 신뢰 없이 사랑의 꽃은 피울 수 없다. 또한, 꽃잎이 떨어져야 열매가 생기듯 헌신적인 희생이 따르지 않고선 사랑의 열매는 결코 맺어지지 않으리.

주면 줄수록 넉넉히 고여오는

그에게 더 이상 줄 것이 없노라고 말하지 말라. 사랑은 주면 줄수록 더욱 넉넉히 고여 오는 샘물 같은 것이다. 그를 진실로 사랑한다면 기쁠 때나 즐거울 때보다 힘겹고 슬플 때 그의 곁에 있어 줘라. 그에게 더 이상 줄 것이 없노라고 말하지 말고 그를 위해 마지막 남은 눈물까지 흘려 줘라. 그러면 그는 세상 모든 걸 잃는다 해도 결코 주저앉지 않을 것이다.

실의에 빠진 사람을 다시금 일어설 수 있게 하는 것, 그것이 사랑이다.

함께 가자, 우리

함께 가고 싶었다. 어떤 길이건 너와 함께 가고 싶었다. 나는 아직도 얼마나 많은 뒷모습을 네게 보여야 하는가.
함께 가자, 우리. 맨손 맨몸이면 어떠랴. 가슴 가득 사랑만 품고 있으면 세상의 그 어느 것도 부러울 게 없는데.

제7장
텅 빈 관람석

좁은 새장으로는 새를 사랑할 수 없다
사랑이 깊어질수록
그와는 멀어지도록 노력하라

내가 당신을 사랑하면 할수록
더 철저하게 외로워지는가 보다

사랑이 요구하는 건

사랑은 많은 걸 요구하지 않는다.
그저 따스한 관심만 필요할 뿐.

바보가 따로 없지

지루할 수가 없는 것은
바로 당신을 기다리기 때문이야.

사랑을 하는 동안
나는 왜 이렇게 현명하지 못한가.

막차

막차를 타고 싶었습니다. 그대와 나만의 이야기로 지새울 수 있는 그런 곳으로 가고 싶었습니다.
막차를 타고….

사랑의 종착역

무작정 역으로 나갔습니다. 오늘쯤 그대가 올 것이라는 막연한 예감만 믿고. 하루종일 눈 내린 오늘, 내 슬픈 사랑은 어디쯤 오고 있는지. 우리들 슬픈 사랑의 종착역은 어디 있는 것인지. 나는 역 대합실 출구 앞에서 소리 죽여 그대의 이름을 불러 봅니다. 그러면 그대도 덩달아 내 이름을 부르며 나타날 것 같았습니다.

그러나 그대는 기어이 오지 않았습니다. 수많은 사람들이 출구를 빠져나왔지만 그대와 닮은 사람 하나 찾아 볼 수 없었습니다. 그런 중에도 눈은 하염없이 내리고 내 마음은 한자리에 못 있습니다.

그대여, 아직까지 기차를 못 탔다면 지금이라도 타십시오. 눈발이 한 없이 쌓여 길을 막는 일이 있다 해도 난 기다리겠습니다. 우리 사랑의 힘으로 기차는 끝내 도착할 것이고 그리하여 그대와 난 따스한 손 비비며 하나될 것을 믿기 때문입니다.

그대여, 빨리 오십시오. 그리움으로 난 목이 마릅니다.

첫눈

첫눈이 내렸습니다.
첫눈이라는 말만 입에 담더라도 내 가슴은 한없이 너른 들판이 되고 말지요. 설혹 당신이 스쳐 지나간다 할지라도 선명한 발자국만은 남는, 그런 너른 가슴으로 당신을 껴안는 들판이 되고 말지요.

첫눈이 내렸습니다.
첫눈이라는 말만 입에 담더라도 나는 조용히 눈을 감게 되지요. 그러면, 쓸쓸한 내 마음의 간격 사이로도 눈이 내리고, 저 너머 빈 들판에서 홀로 서 있는 나무가 떠오릅니다. 당신은 나를 버렸음에도 나는 결코 당신을 버릴 수 없는 첫눈 내린 날의 내 가슴.

첫눈이 내렸습니다.
이제 그만 내렸으면 좋겠습니다.

눈 오는 날

눈 오는 날엔
사람은 여기 있는데
마음은 딴 데 가 있는 경우가 많다.

눈 오는 날엔 그래서
마음이 아픈 사람이 많다.

아름답다는 건

지는 해가 아름다운 건 곧 볼 수 없기 때문입니다. 이렇듯 아름다운 건 내 손에 잡히지 않아요. 그러므로 아름다운 건 주로 슬퍼요. 그랬었군요. 여태 나는 잡히지 않는 그것들을 사랑하는군요. 잡히지 않아 못내 슬픈 당신을.

그가 평범하게 보이기 시작할 때

사랑이란 꿈 같은 거다. 깨어나고 나서 정확히 판단할 수 있다는 뜻에서. 남의 눈에는 평범하기 그지없는 사람임에도 불구하고 그 사람을 사랑하는 대상에겐 그처럼 특별한 사람은 없다. 자기만의 독특한 시선으로 그 사람에게 영상을 덮어씌우고, 또 자신이 덮어씌운 영상에 도취해 정신없이 빠져드는 것이 바로 사랑이 가진 속성이므로.

사실 냉철하게 판단할 수 있는 눈이 있다면 내가 사랑하는 그 사람이 이 세상에서 가장 매력적이고 멋진 사람이 아닐 수도 있다는 것을 깨달을 수 있을 텐데. 하기야 사랑에 빠진 사람의 눈에 무엇이 제대로 보일 수 있을까.

문제는 바로 거기서부터 시작된다. 밤이 지나면 꿈에서 깨어나는 것처럼 사랑의 환영 또한 한평생 지속되는 게 아니기 때문에 그 다음부터가 문제가 되는 것이다. 그의 모습이 제대로 보이기 시작할 때, 말하자면 환상에서 깨어났을 때의 허무함과 실망감은 당사자에게 견디기 힘든 시련이 될 수도 있다. 그 사람이 달라진 것이 아니라 사실은 자신이 정상적인 상태로 되돌아간 것에 불과한데도 말이다.

당신이 사랑하는 그 사람이 평범한 사람으로 보이기 시작할 때, 그때 당신은 정말 주의를 기울이지 않으면 안 된다. 바야흐로 그때야말로 당신의 사랑이 갈림길로 들어선 때니까. 상대가 그렇게 변한 게 아니고 그 사람을 바라보는 당신의 눈과 마음이 원래대로 되돌아간 것뿐이라는 것을 파악하는 게 급선무다.

헤어진 연인에게 신의 축복이 있나니

헤어진 연인에게 가장 많은 신의 축복이 따른다. 헤어지지 않았을 때엔 그의 못난 점만 보였겠지만 헤어진 지금엔 어떠한가. 그의 괜찮은 모습만 온통 내 마음을 차지하고 있지 아니한가.

남을 책망하는 그 마음으로 나를 책망하라

어떤 일의 결과가 좋지 않은 쪽으로 나타나면 서둘러 변명할 구실부터 찾는 사람이 있다. 이럴 경우, 반드시 남에 대한 원망이나 그 일의 조건에 대한 불만부터 내세우게 된다. 자신의 잘못은 어떻게든 감추고 숨기려고만 든다.

그것이 도를 넘어 자신의 인생에 대한 일에서도 그렇다. 궁극적으로 자기 인생에 대한 책임을 자기가 져야 함에도 불구하고 그것을 자꾸만 남에게 떠넘기려 하는 것이다. 그래서 어쩌자는 것일까. 그래서 하등의 도움이 없는데도 우리는 너무 그런 일에 익숙해져 있다.

사람과 물건

불행하게도 요즘 우리는, 사람에게보다 물건에 마음을 더 점령당해 있다. 마음에 드는 물건이 있으면 어떤 수를 써서라도 다 갖춰 놓으려고 하지만 사람은 선뜻 자기 가슴속으로 들여 놓으려 하지 않는다. 거리를 지나치면서 온갖 물건에는 다 관심을 보이지만 막상 사람들의 얼굴은 쳐다보지 않는 세태.
세상이 점점 더 각박해지는 것은 우리가 마음의 벽을 높이 쌓아 두고 있는 탓일 게다. 그러기에 세상엔 아마도 불신과 싸움이 끊일 날이 없는 것이다. 망종스런 정치가들의 행태나 어수선한 경제보다도 우리의 가슴속에 들어 있어야 할 그 무엇, 진정 우리 가슴에 따뜻한 온기를 전해 줄 사람다운 사람이 부족하다는 데 있다.

밤마다 나를 유인하는 별빛이여

저 홀로 싸늘히 빛나는 별빛을 가슴에 안듯 그렇게 시린 마음으로. 당신의 창가에도 저 별빛은 내리겠지. 아니 더욱더 유별나게 빛나리라 믿고 싶은 것은 거기에 내 마음이 담겨서이다. 새벽이 오면, 그리하여 저 별빛 또한 사라지면 내 지친 사랑도 잠깐 쉬어갈 수 있을까.
감히 당신이라 불러 보네. 밤마다 나를 유인하는 별빛 속에서 나는 출렁이고, 언제나 그렇듯 당신은 저만치 냉랭히 서 있네.
사랑이여, 아득히 멀기 만 한 사랑이여,
내가 여기서 서성이고만 있는 것은 그대 곁에 갈 용기가 없어서가 아니다. 그대를 가까이 하지 못함은 그러한 까닭이 있기 때문이니,

그 이유를 묻지 마라. 그 이유가 내 괴로움의 근본이니.

바보 같은 사랑

돌이켜보니, 사랑에는 기다리는 일이 9할을 넘었다.
어쩌다 한번 마주칠 그 순간을 위해 피를 말리는 기다림 같은 것. 그 기다림 속에서 아아 내 사랑은, 내 젊음은 덧없이 저물었다. 하기야 기다리는 그 사람이 오기만 한다면야 어떠한 고난도 감내할 일이지만 오지 않을 줄 뻔히 알면서도 마냥 기다리고만 있었던 우직스러움.
그래, 사랑은 그런 우직한 사람만 하는 거다. 셈이 빠르고 계산에 능한 사람은 사랑에 빠지지 않는다. 사랑에 빠진 척 얼굴만 찌푸리고 있지 잘 살펴보면 언제라도 달아날 궁리만 하고 있는 사람들이다.
그래, 사랑은 그런 바보 같은 사람만 하는 거다. 모든 걸 다 잃는다 해도 스스로 작정한 일, 떨어질 줄 뻔히 알면서도 마지막 순간까지 제 한 몸 불태우는 단풍잎처럼.

고난과 기다림 끝에

삶이 그렇듯 사랑 또한 지금 이 순간이 전부는 아니다.
지금 이 순간 괴롭고 힘들다고 해서 사랑을 포기하는 사람은
앞으로 다가올 미래를 포기하는 것과 같다.

신이 인간에게 내려준 선물을
포장도 뜯지 않은 채 던져 버리려는가?

사랑은 쉴새 없이 노력하는 자의 것이다.
고난과 기다림 끝에 은빛 영롱한 진주가 탄생된다.
시련으로 인해 당신의 사랑은 더욱 알차게 영글 것이다.